SWU-GEN- 006

THE UNIFORMS OF FRENCH ARMIES 1690-1894
VOL. 2
THE CAVALRY

BY C. LIENHART & R. HUMBERT

SOLDIERSHOP SERIES

Title: **THE UNIFORMS OF FRENCH ARMIES 1690-1894 VOL. 2** - **The Cavalry** from the work of C.Leinhart and R.Hmbert. Edit by Luca S. Cristini. First edition by Soldiershop. November 2019
Cover & Art Design: Luca S. Cristini. ISBN code: 978-88-93275248
Published by Luca Cristini Editore, via Orio 35/4- 24050 Zanica (BG) ITALY. www.soldiershop.com

THE UNIFORMS
OF FRENCH ARMIES
1690-1894
Vol. 2

THE CAVALRY

Lienhart & Humbert

Les
Uniformes
de
l'Armée
Française

RECUEIL D'ORDONNANCES
de 1690 à 1894

PAR

LE DOCTEUR LIENHART
Professeur aux Facultés Catholiques de Lille

ET

RENÉ HUMBERT
Membre de la Société d'Historiographie Militaire.

LEIPZIG
LIBRAIRIE M. RUHL

UNIFORMS OF THE FRENCH ARMY FROM 1690 TO 1894

The plates presented in our volumes are a copy of the famous engravings made in 5 books by Dr. Costance Lienhart, professor at the University of Lille, and René Humbert, famous member of the Society of Military History, and published by M. Ruhl in Leipzig between 1897 and 1906 in a limited edition of 600 copies. Today many of these copies belong to collectors from all over the world, and it is precisely from one of these that our edition is derived, supplied to us by our friend Luigi Casali, historian and prestigious collector of original volumes of history and uniformology. The images were then cleaned and adapted to modern printing.

This is the first edition to be published in English and Italian. The original chromolithographic plates are almost 400, the layout of the work is divided by type.

The first volume has over eighty plates, is divided into two parts and is dedicated in the first part to the General Staff (general, field helpers, guides...).

The second part presents the uniformological tables of the maison du Roi, the Royal Guard and the Imperial Guard. This volume deals entirely with the cavalry corps composed of eighty colour plates.

The third volume is dedicated to the infantry corps, based on 62 original plates to which we have added images in the appendix.

The fourth volume, the largest with 87 plates, deals with the Artillery and Genius corps and all the other subsidiary corps of the army.

The fifth and last volume presents 84 plates mainly dedicated to the National Guard and the Guards of Honour up to page 15, then begins an interesting chapter dedicated to the allied troops of the French, especially those of the Napoleonic period (Confederation of the Rhine, Italian troops, Dutch, Neapolitan, Spanish, Polish, Prussian, Austrian and Danish).

UNIFORMI DELL'ESERCITO FRANCESE DAL 1690 AL 1894

Le tavole presentate nei nostri volumi sono la copia delle famose incisioni realizzate in 5 tomi del Dott. Costance Lienhart, professore all'università di Lille, e René Humbert, famoso membro della società di storia militare, e pubblicate dall'editore M.Ruhl a Lipsia tra il 1897 e il 1906 in tiratura limitata a 600 copie. Oggi molte di queste copie appartengono a collezionisti di tutto il mondo, ed è appunto da una di queste copie che deriva la nostra, fornitaci dall'amico Luigi Casali, storico e prestigioso collezionista di volumi originali di storia e uniformologia. Le immagini sono state poi pulite e adattate alla stampa moderna.

Questa è la prima edizione tirata in inglese e italiano. Le tavole cromolitografiche originali sono quasi 400, l'impianto dell'opera è diviso per tipologia.

Il primo volume conta oltre ottanta tavole, è diviso in due parti ed è dedicato nella prima parte agli Stati maggiori (generali, aiutanti di campo, guide...).

Nella seconda parte sono presentate le tavole uniformologiche della *maison du Roi*, della Guardia reale e di quella imperiale. Questo volume si occupa interamente dei corpi di cavalleria composto da ottanta tavole a colori.

Il terzo volume è dedicato ai corpi di fanteria, basato su 62 tavole originali cui abbiamo aggiunto delle immagini in appendice.

Il quarto volume, il più corposo, con ben 87 tavole si occupa dei corpi di Artiglieria e del Genio e di tutti gli altri corpi sussidiari dell'esercito.

Il quinto e ultimo volume presenta 84 tavole dedicate principalmente alla Guardia nazionale ed alle guardie d'onore fino alla pagina 15, poi inizia un interessante capitolo dedicato alle truppe alleate dei francesi, specialmente quelle del periodo napoleonico (Confederazione del Reno, truppe italiane, olandesi, napoletane, spagnole, polacche, prussiane, austriache e danesi).

INDICE DEL 2° VOLUME: LA CAVALLERIA

Pl. 1.

Timbalier, 1740.

Chasseur à cheval.
Reg. du Roi,
1814.

1772.

Trompette de Dragon, 1812.

3ᴱ PARTIE.

CAVALERIE.

Lancier d'Orléans, 1830.

Carabinier (Louis XIV.)

Hussard, officier.
1786.

Cuirassier du Roi. 1772.

Pl. 2.

CAVALERIE.

RÈGLEMENT DU 1er JANVIER 1690.

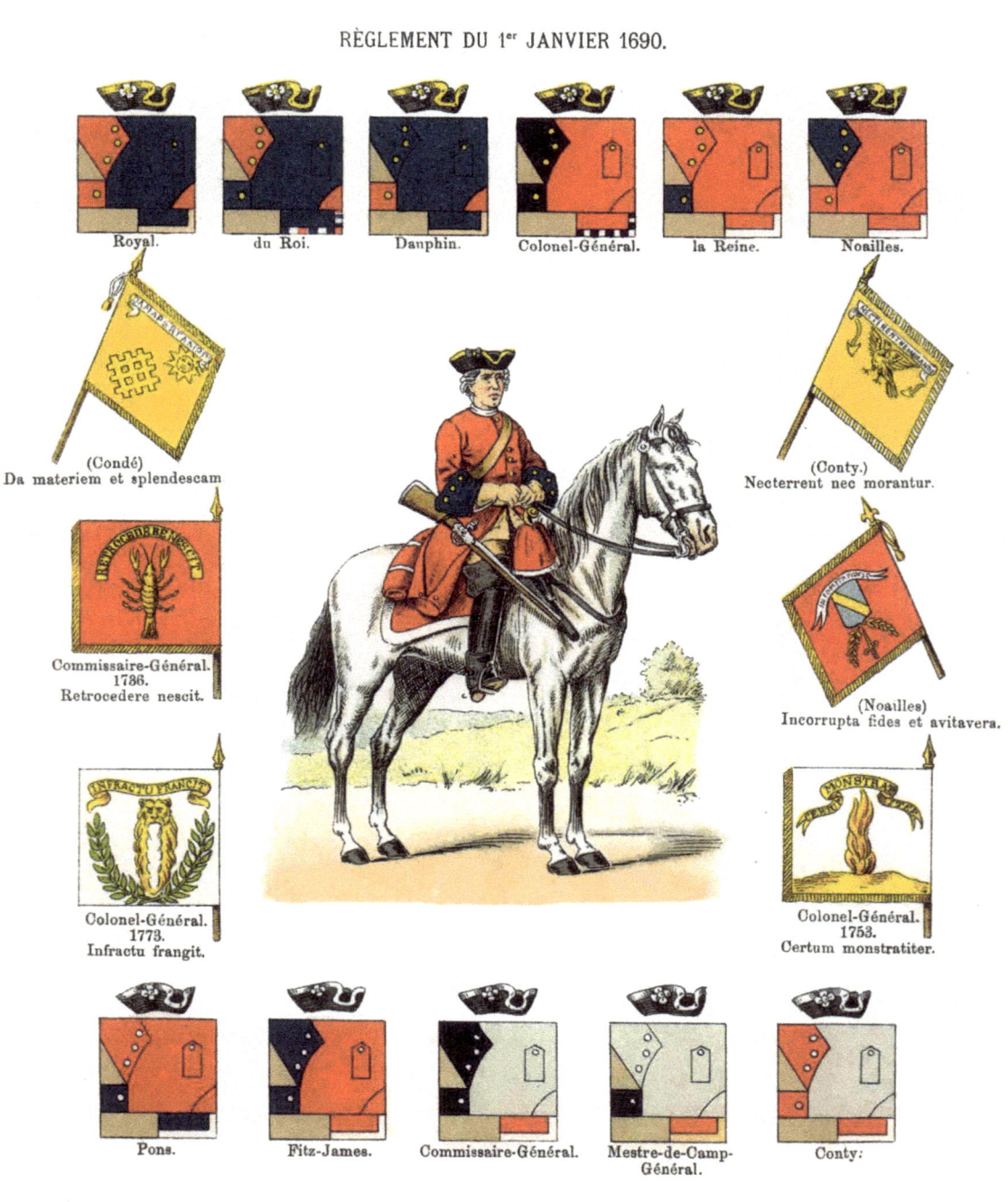

Royal.   du Roi.   Dauphin.   Colonel-Général.   la Reine.   Noailles.

(Condé)
Da materiem et splendescam

(Conty.)
Necterrent nec morantur.

Commissaire-Général.
1786.
Retrocedere nescit.

(Noailles)
Incorrupta fides et avitavera.

Colonel-Général.
1773.
Infractu frangit.

Colonel-Général.
1753.
Certum monstratiter.

Pons.   Fitz-James.   Commissaire-Général.   Mestre-de-Camp-Général.   Conty.

R. Humbert

CAVALERIE. 1740.

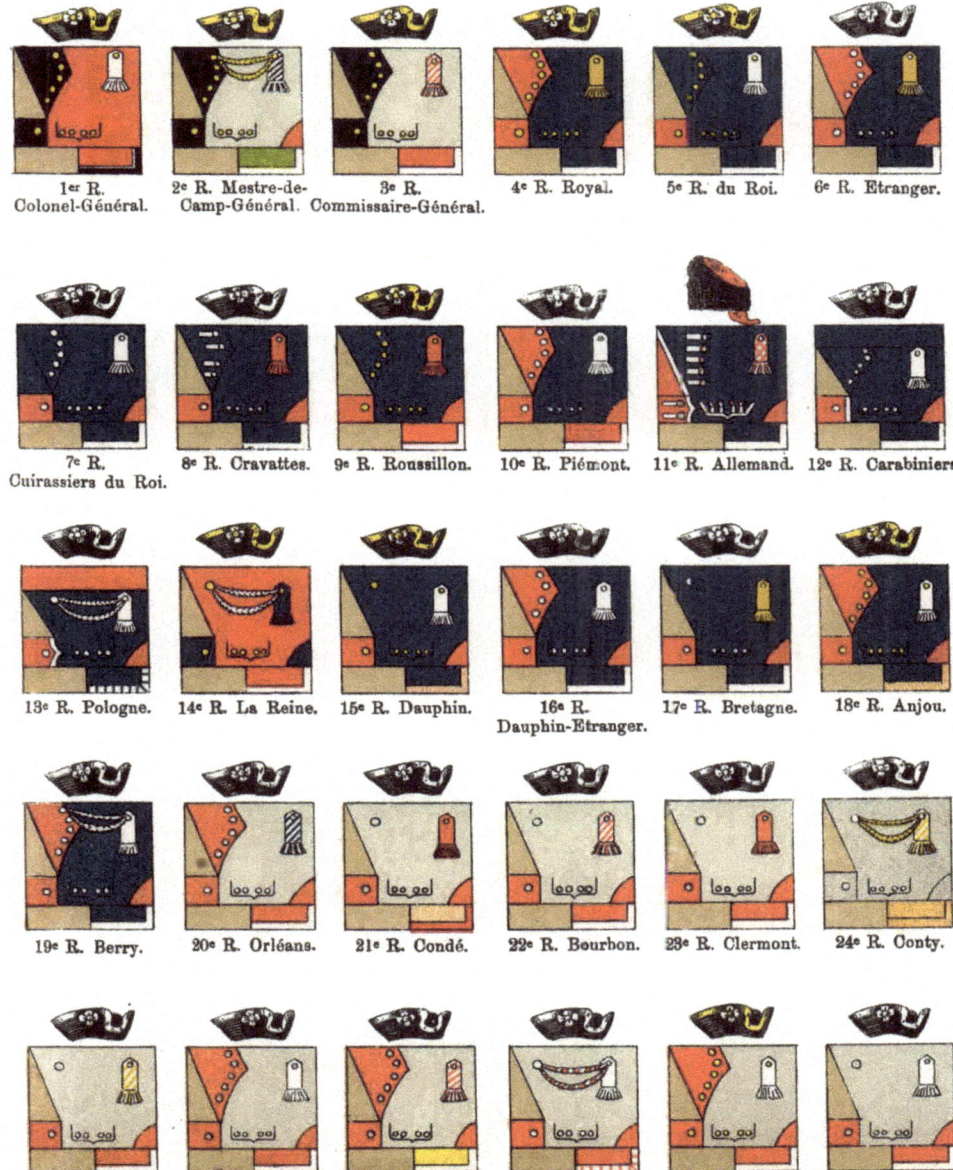

1er R. Colonel-Général. 2e R. Mestre-de-Camp-Général. 3e R. Commissaire-Général. 4e R. Royal. 5e R. du Roi. 6e R. Etranger.

7e R. Cuirassiers du Roi. 8e R. Cravattes. 9e R. Roussillon. 10e R. Piémont. 11e R. Allemand. 12e R. Carabiniers.

13e R. Pologne. 14e R. La Reine. 15e R. Dauphin. 16e R. Dauphin-Etranger. 17e R. Bretagne. 18e R. Anjou.

19e R. Berry. 20e R. Orléans. 21e R. Condé. 22e R. Bourbon. 23e R. Clermont. 24e R. Conty.

25e R. Penthièvre. 26e R. St. Simon. 27e R. d'Ancezune. 28e R. Rohan. 29e R. Beaucaire. 30e R. Brancas.

CAVALERIE. 1740.

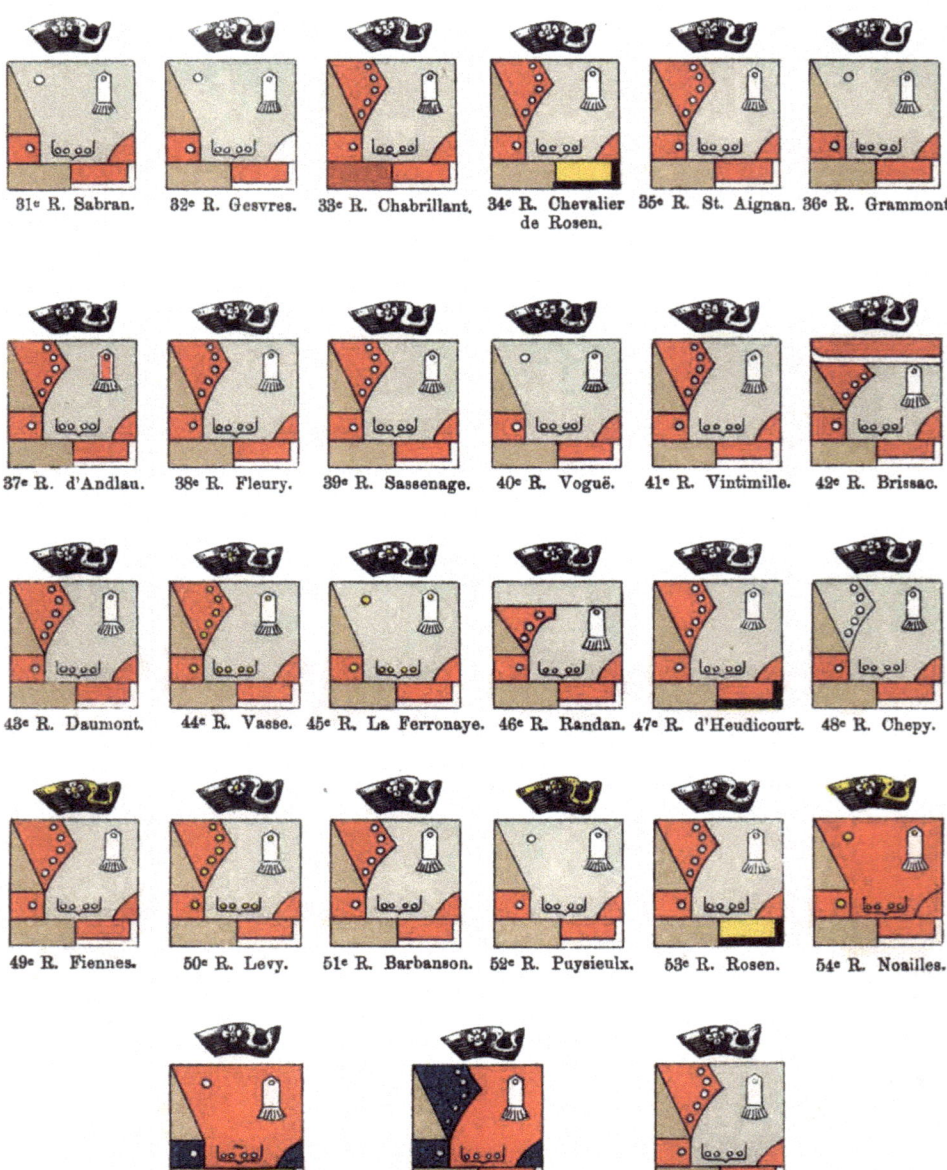

31ᵉ R. Sabran.   32ᵉ R. Gesvres.   33ᵉ R. Chabrillant.   34ᵉ R. Chevalier de Rosen.   35ᵉ R. St. Aignan.   36ᵉ R. Grammont.

37ᵉ R. d'Andlau.   38ᵉ R. Fleury.   39ᵉ R. Sassenage.   40ᵉ R. Voguë.   41ᵉ R. Vintimille.   42ᵉ R. Brissac.

43ᵉ R. Daumont.   44ᵉ R. Vasse.   45ᵉ R. La Ferronaye.   46ᵉ R. Randan.   47ᵉ R. d'Heudicourt.   48ᵉ R. Chepy.

49ᵉ R. Fiennes.   50ᵉ R. Levy.   51ᵉ R. Barbanson.   52ᵉ R. Puysieulx.   53ᵉ R. Rosen.   54ᵉ R. Noailles.

55ᵉ R. Pons.   56ᵉ R. Fitz-James.   58ᵉ R. d'Asfeld.

CAVALERIE. 1757.

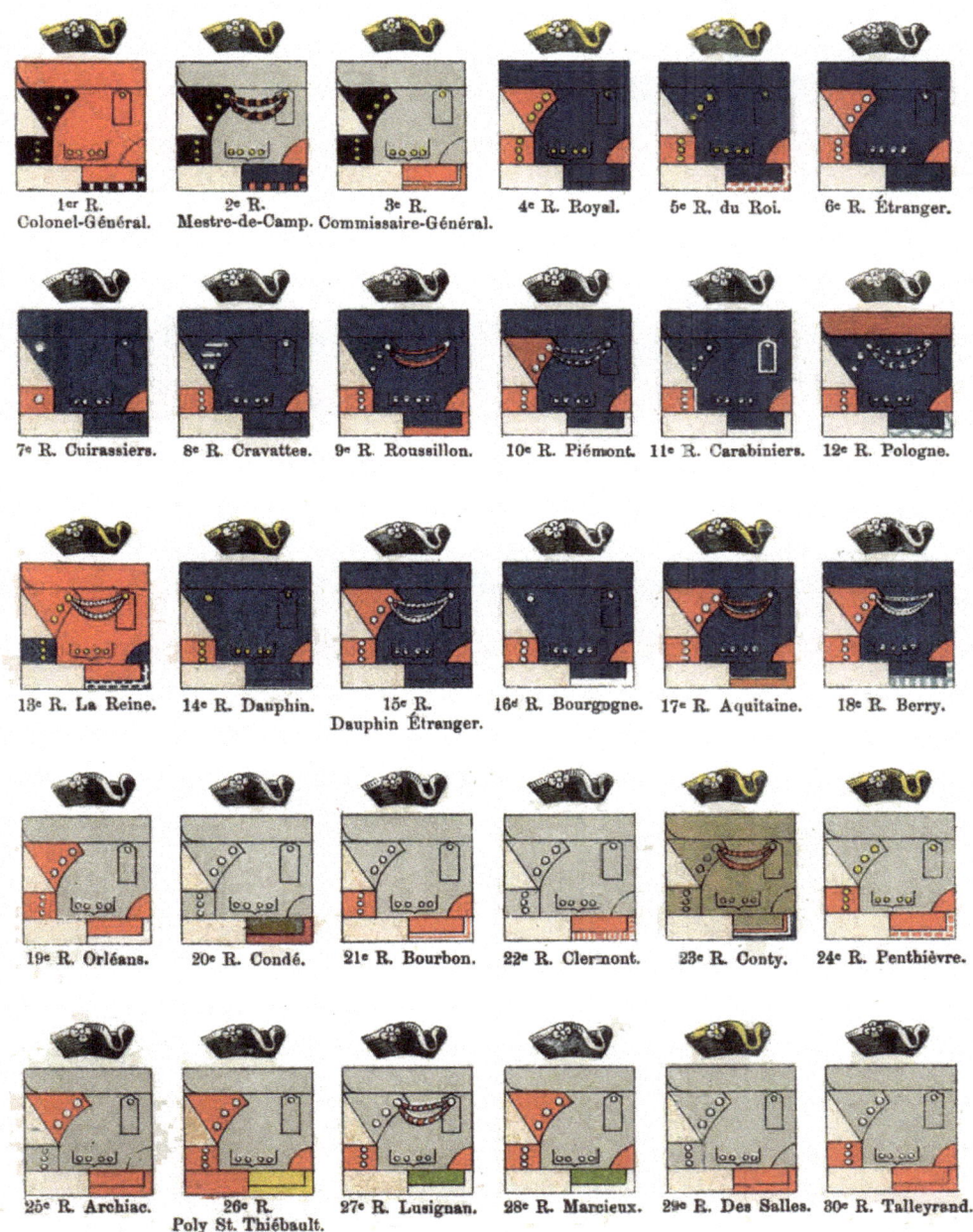

1er R.
Colonel-Général.

2e R.
Mestre-de-Camp.

3e R.
Commissaire-Général.

4e R. Royal.

5e R. du Roi.

6e R. Étranger.

7e R. Cuirassiers.

8e R. Cravattes.

9e R. Roussillon.

10e R. Piémont.

11e R. Carabiniers.

12e R. Pologne.

13e R. La Reine.

14e R. Dauphin.

15e R.
Dauphin Étranger.

16d R. Bourgogne.

17e R. Aquitaine.

18e R. Berry.

19e R. Orléans.

20e R. Condé.

21e R. Bourbon.

22e R. Clermont.

23e R. Conty.

24e R. Penthièvre.

25e R. Archiac.

26e R.
Poly St. Thiébault.

27e R. Lusignan.

28e R. Marcieux.

29e R. Des Salles.

30e R. Talleyrand.

CAVALERIE. 1757.

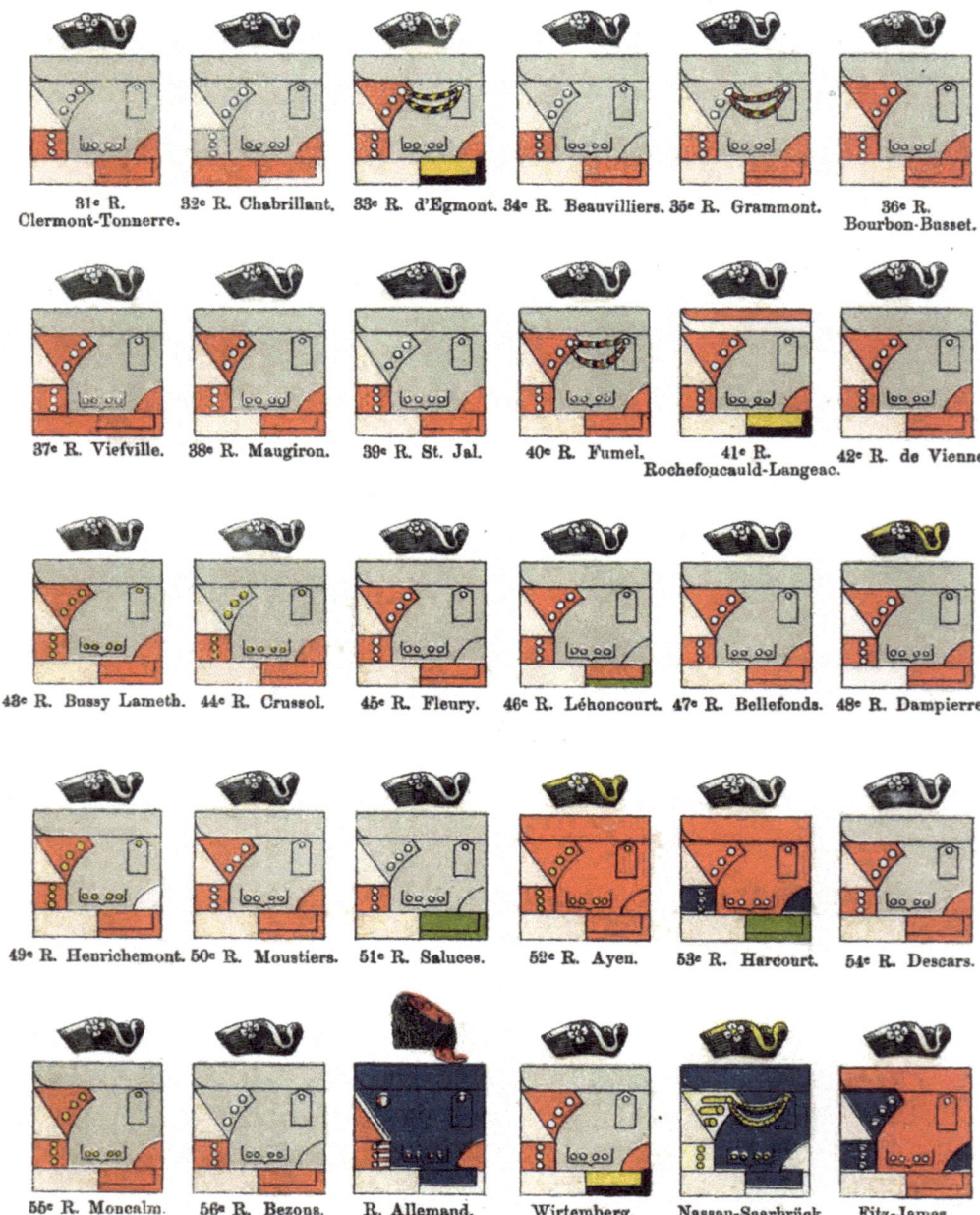

31ᵉ R. Clermont-Tonnerre. 32ᵉ R. Chabrillant. 33ᵉ R. d'Egmont. 34ᵉ R. Beauvilliers. 35ᵉ R. Grammont. 36ᵉ R. Bourbon-Busset.

37ᵉ R. Viefville. 38ᵉ R. Maugiron. 39ᵉ R. St. Jal. 40ᵉ R. Fumel. 41ᵉ R. Rochefoucauld-Langeac. 42ᵉ R. de Vienne.

43ᵉ R. Bussy Lameth. 44ᵉ R. Crussol. 45ᵉ R. Fleury. 46ᵉ R. Léhoncourt. 47ᵉ R. Bellefonds. 48ᵉ R. Dampierre.

49ᵉ R. Henrichemont. 50ᵉ R. Moustiers. 51ᵉ R. Saluces. 52ᵉ R. Ayen. 53ᵉ R. Harcourt. 54ᵉ R. Descars.

55ᵉ R. Moncalm. 56ᵉ R. Bezons. R. Allemand. Wirtemberg. Nassau-Saarbrück. Fitz-James.

CAVALERIE.

ORDONNANCE DU 21 DÉCEMBRE 1762.

1er R.
Colonel-Général.

2e R.
Mestre-de-Camp.

3e R.
Commissaire-Général.

4e R. Royal.

5e R. du Roi.

6e R. Étranger.

7e R. Cuirassiers.

8e R. Cravattes.

9e Roussillon.

10e R. Piémont.

12e R. Pologne.

13e R. Lorraine.

14e R. Picardie.

15e R. Champagne.

16e R. Navarre.

17e R. Normandie.

18e R. La Reine.

19e R. Dauphin.

20e R. Bourgogne.

21e R. Berry.

22e R. Carabiniers.

23e R. d'Artois.

24e R. Orléans.

25e R. Chartres.

26e R. Condé.

27e R. Bourbon.

28e R. Clermont.

29e R. Conty.

30e R. Penthièvre.

31e R. Noailles.

11e R. Allemand (voir aux autres planches.)

CAVALERIE.

Régt. de Chabrillant, trompette 1745.

Officier aux Cuirassiers
du Roi (7e Cavalerie) 1786.

Régiment La Reine, 1775.

1724. Manteau d'officier,
devant.

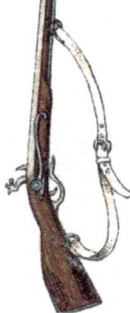

Mousqueton.   Sabre.

1724. Manteau d'officier,
derrière.

Régt. Commissaire-Général. 1750.

Cuirasse.

Cavalier. 1791.

14

CAVALERIE.

ORDONNANCE DE 1767.

1er Colonel-Général.	2e Mestre-de-Camp.	3e Commissaire-Général.

4e Royal.   5e du Roi.   6e R. Étranger.

7e Cuirassiers.   8e R. Cravattes.   9e R. Roussillon.   10e R. Piémont. [1]   12e R. Pologne.   13e R. Lorraine.

14e R. Picardie.   15e R. Champagne.   16e R. Navarre.   17e R. Normandie.   18e La Reine.   19e Dauphin.

20e Bourgogne.   21e Berry.   22e Carabiniers.   23e d'Artois.   24e Orléans.   25e Chartres.

26e Condé.   27e Bourbon.   28e Clermont.   29e Conty.   30e Penthièvre.   31e Noailles.

[1] Pour Royal Allemand qui a No. 11 voir Planche 3.

CAVALERIE.

RÈGLEMENT DU 31 MAI 1776.

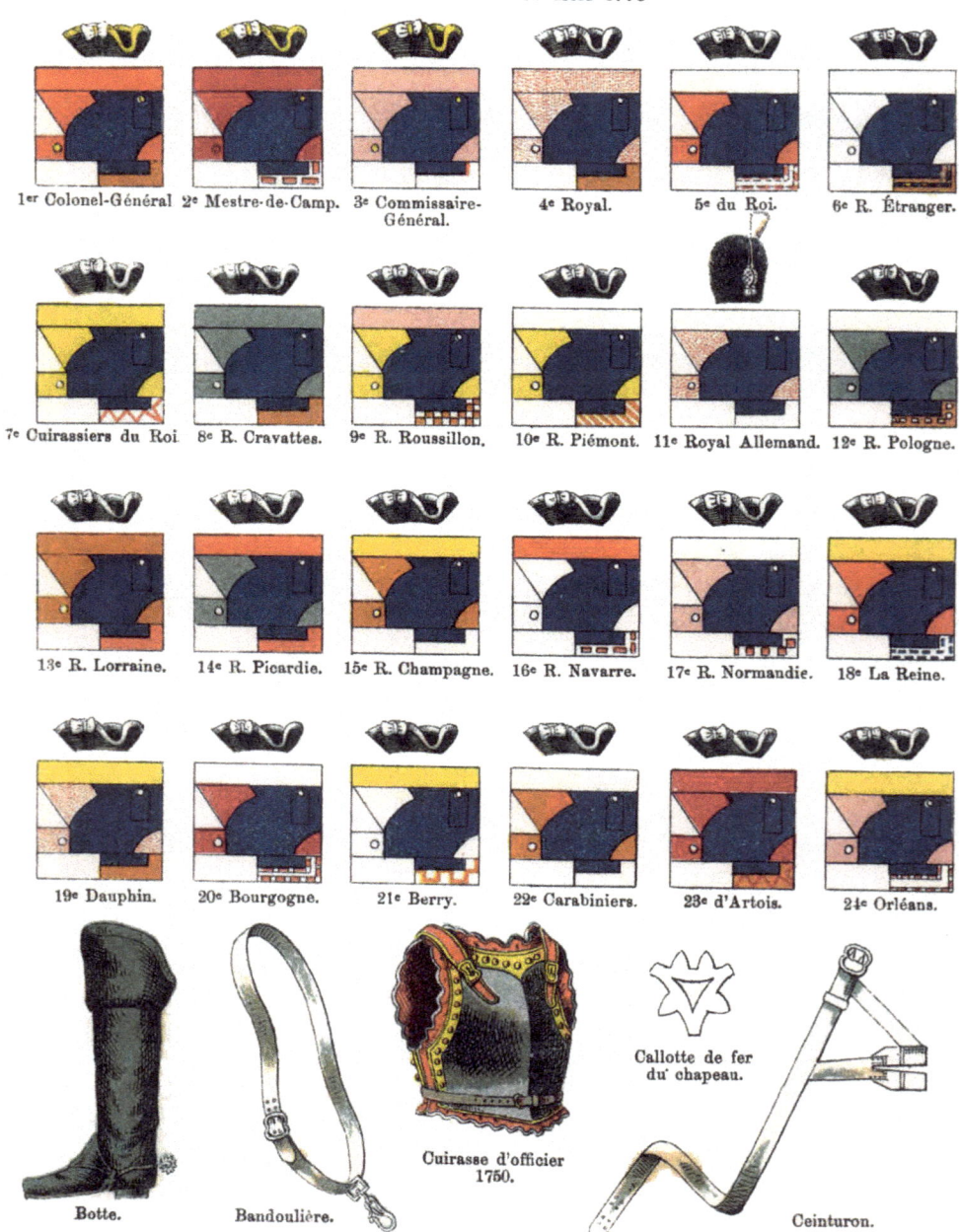

1er Colonel-Général   2e Mestre-de-Camp.   3e Commissaire-Général.   4e Royal.   5e du Roi.   6e R. Étranger.

7e Cuirassiers du Roi.   8e R. Cravattes.   9e R. Roussillon.   10e R. Piémont.   11e Royal Allemand.   12e R. Pologne.

13e R. Lorraine.   14e R. Picardie.   15e R. Champagne.   16e R. Navarre.   17e R. Normandie.   18e La Reine.

19e Dauphin.   20e Bourgogne.   21e Berry.   22e Carabiniers.   23e d'Artois.   24e Orléans.

Botte.   Bandoulière.   Cuirasse d'officier 1750.   Callotte de fer du chapeau.   Ceinturon.

CAVALERIE.

ORDONNANCES DES 29 JANVIER ET 21 FÉVRIER 1779.

1er Colonel-Général 2e Mestre de Camp-Général.   3e Commissaire-Général.   4e Royal.   5e du Roi.   6e Royal Étranger.

7e Cuirassiers.

8e Royal Cravattes.

9e Royal Roussillon.

10e Royal Piémont.

11e Royal Allemand.

12e Royal Pologne.

13e Royal Lorraine.

14e Royal Picardie.

1er Rég. Colonel-Général.

15e Royal Champagne. 16e Royal Navarre.17e RoyalNormandie.   18e La Reine.   19e Dauphin.   20e Bourgogne.

21e Berry.   22e Carabiniers.   23e Artois.   24e Orléans.

CAVALERIE.

ORDONNANCE DU 1er OCTOBRE 1786.

Pl. 12.

19e Dauphin.

20e Bourgogne.

21e Berry.

24e Orléans.

22e Carabiniers.

11e Rég. Royal Allemand.
(Officier.)

25e Nassau-Saarbrück.

23e Artois.

11e Royal Allemand.

26e Orléanais.

27e Evêches.

28e Franche-Comté.

29e Septimanie.

30e Quercy.

31e La Marche.

CAVALERIE.

ORDONNANCE PROVISOIRE DU 1er AVRIL 1791 ET DÉCRET DU 3e FÉVRIER 1794.

1er R.
(Colonel-Général.)   2e R. (Royal.)   3e R.
(Commissaire-Général.)   4e R. (La Reine.)   5e R. (R. Pologne.)   6e R. (Du Roi.)

7e R. (R. Étranger.) 8e R. (Cuirassiers.)   9e R. (Artois.)   10e R. (R. Cravattes.)   11e R.
(R. Roussillon.)   12e R. (Dauphin.)

13e R. (Orléans.) 14e R. (R. Piémont.)   15e R.
(R. Allemand.)   16e R. (R. Lorraine.)   17e R.
(R. Bourgogne.)   18e R. (Berry.)

19e R.
(R. Normandie.)   20e R.
(R. Champagne.)   21e R. (R. Picardie.)   22e R.
(R. Navarre)   23e R. (R. Guyenne.)   24e Régiment.

25e Régiment.   26e Régiment.   27e Régiment.   28e Régiment.   29e Régiment.   13e R. Trompette.

D. Lienhart.

CAVALERIE.

Rég. Colonel-Général.

Rég. Mestre de Camp-Général.

Rég. Commissaire-Général.

Rég. Anjou.

Habit à la française, 1750.

Habit à la polonaise, 1750.

Rég. du Roi.

Rég. Royal.

Pokalem et gilet de travail.

1745. Royal Allemand.
Soldat en tenue d'écurie. Officier.

Habit, 1775. (à la suédoise.)

Rég. Orléans.

Rég. Dauphin.

Rég. de la Reine.

Rég. Bretagne.

CARABINIERS.

1ᵉʳ Rég.　1788.　2ᵉ Rég.　　　1ᵉʳ Rég.　1791.　2ᵉ Rég.　　　1ᵉʳ Rég.　1802.　2ᵉ Rég.

1809.　1ᵉʳ Rég.

Trompette, 1ᵉʳ Rég. 1809.

1809.　2ᵉ Rég.

Trompette, 2ᵉ Rég. 1809.

Trompette, 1ᵉʳ Rég. 1812.　　　　1809.　　　　1802.　　　Officier, tenue de ville,
1ᵉʳ Rég.

Carabinier.　1815.　Trompette.　　Officier en capote　　1ᵉʳ Rég.　1825.　2ᵉ Rég.,　　Trompette 1825,
1822.　　　　　　　　pantalon de cheval.　(1ᵉʳ Régiment).

CARABINIERS.

Pl. 16.

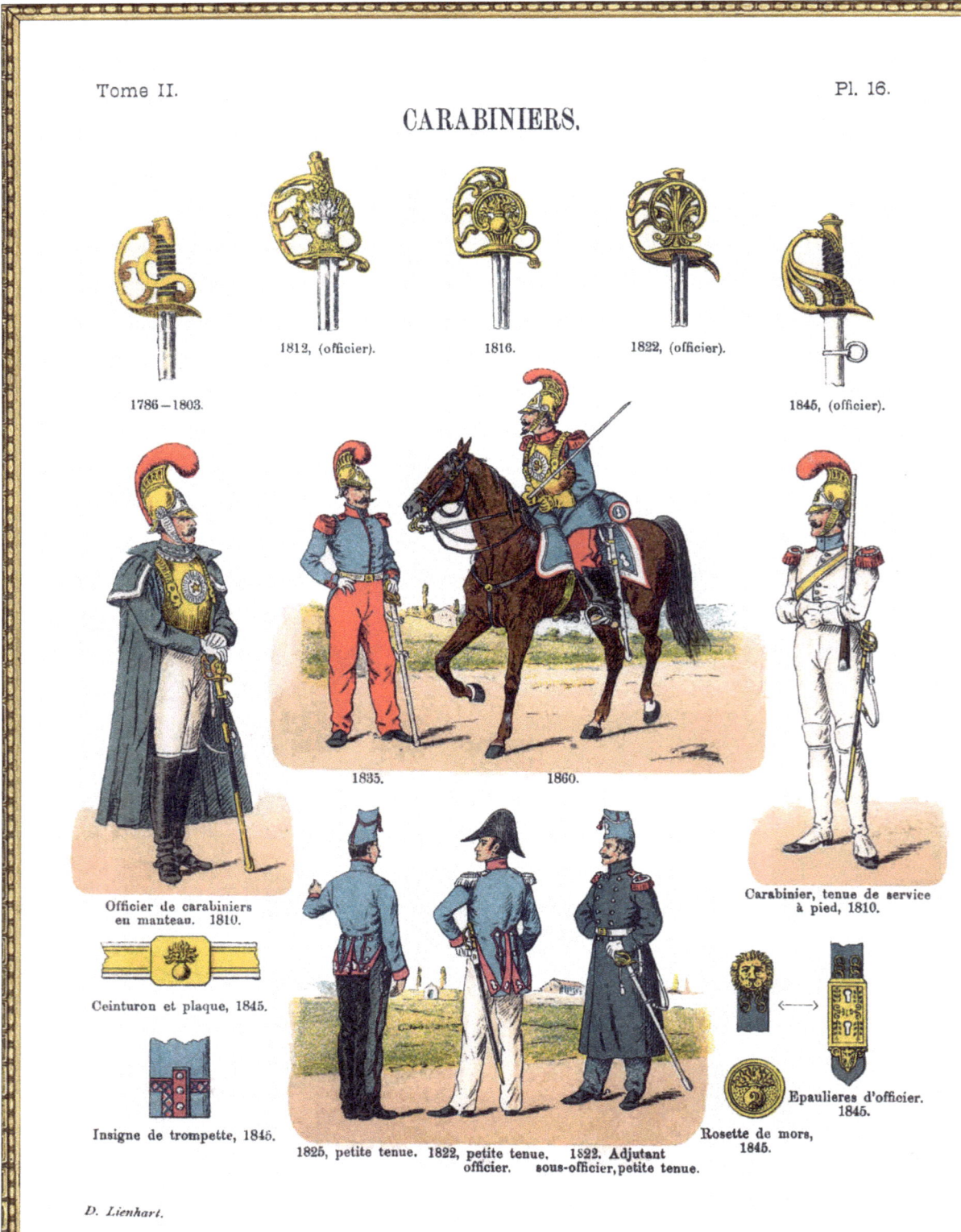

1812, (officier).

1816.

1822, (officier).

1845, (officier).

1786 — 1803.

1835.

1860.

Officier de carabiniers
en manteau. 1810.

Ceinturon et plaque, 1845.

Insigne de trompette, 1845.

Carabinier, tenue de service
à pied, 1810.

Epaulieres d'officier.
1845.

Rosette de mors,
1845.

1825, petite tenue.   1822, petite tenue.   1822. Adjutant
officier.   sous-officier, petite tenue.

D. Lienhart.

CARABINIERS.

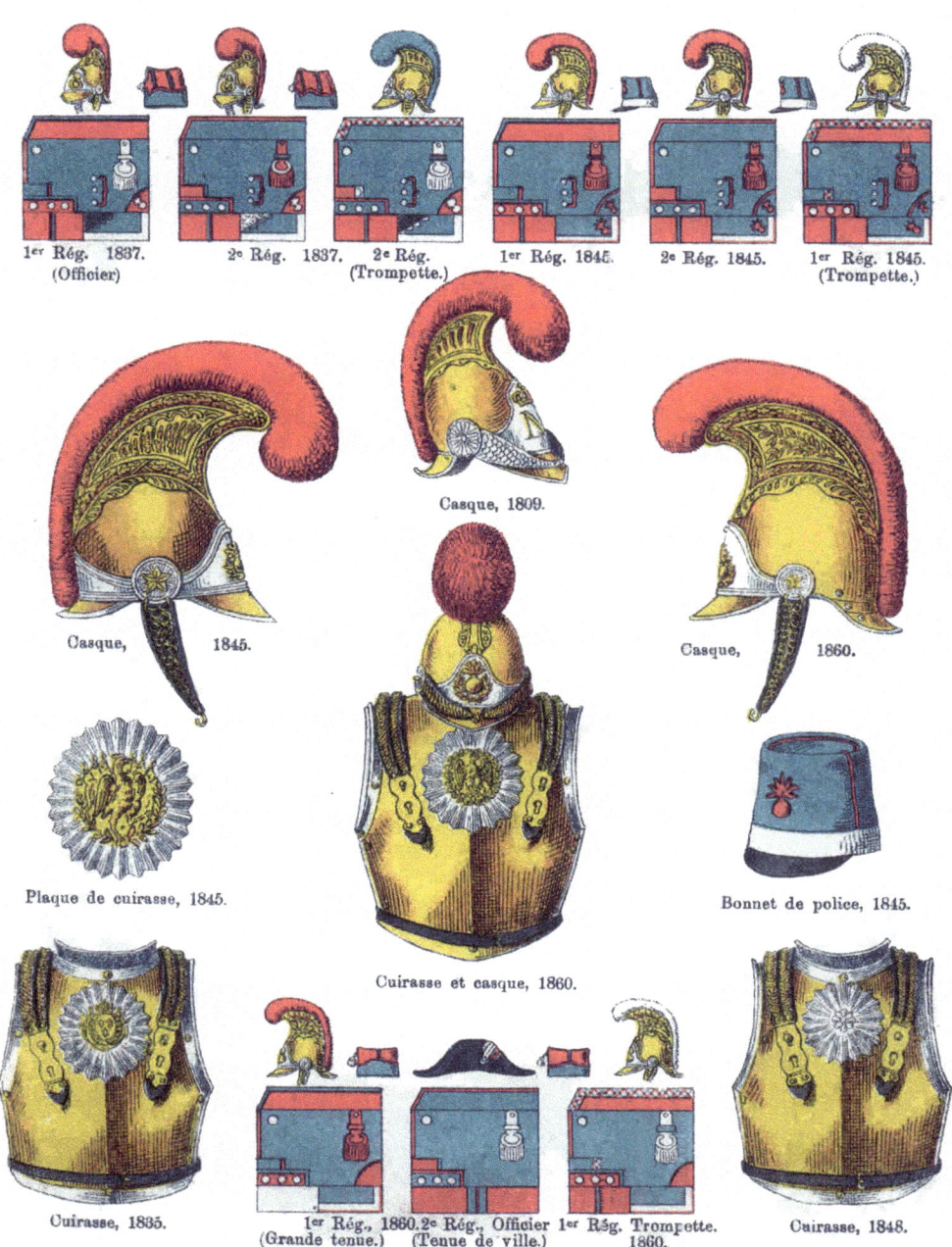

1ᵉʳ Rég. 1837. (Officier)

2ᵉ Rég. 1837.

2ᵉ Rég. (Trompette.)

1ᵉʳ Rég. 1845.

2ᵉ Rég. 1845.

1ᵉʳ Rég. 1845. (Trompette.)

Casque, 1809.

Casque, 1845.

Casque, 1860.

Plaque de cuirasse, 1845.

Cuirasse et casque, 1860.

Bonnet de police, 1845.

Cuirasse, 1835.

1ᵉʳ Rég., 1860. (Grande tenue.)

2ᵉ Rég., Officier (Tenue de ville.)

1ᵉʳ Rég. Trompette. 1860.

Cuirasse, 1848.

Dr. Lienhart.

CUIRASSIERS.

INSIGNES DES GRADES (ANCIEN RÉGIME).

| Mestre de camp commandant. | Mestre de camp en 2e. | Mestre de camp à la suite. | Officier, ayant le grade de brigadier des armées. | Major. | Capitaine en 2e. | Capitaine de remplacements. |

Maréchal des logis-chef.

Fourier-écrivain.

Maréchal des logis.

Ete Etendard de cuirassiers, 1804.

Brigadier.

Appointé.

   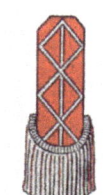 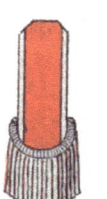 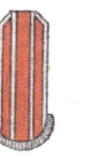 

Frater.

| Lieutenant en 1er. | Lieutenant en 2e. | Sous-Lieutenant. | Sous-Lieutenant de remplacemet. | Porte-étendard. | Adjudant. | Cavaliers gentilshommes. |

R. Humbert.

CUIRASSIERS.

1er VENDÉMIAIRE. AN XII.

1er Rég.

2e Rég.

3e Rég.

4e Rég.

5e Rég.

6e Rég.

Trompette.
(1er régiment.)

Trompette.
(5e régiment.)

Bonnet de police.
1805.

Bonnet de police,
1812.

Trompette. (8e rég.)

Sous-officier. 1803. 5e Cuirassiers.   Officier, 1805.

Trompette. (12e rég.)

7e Rég.

8e Rég.

9e Rég.

10e Rég.

11e Rég.

12e Rég.

Dr. Lienhart.

25

Pl. 20.

CUIRASSIERS.

1812. (17 FÉVRIER.)

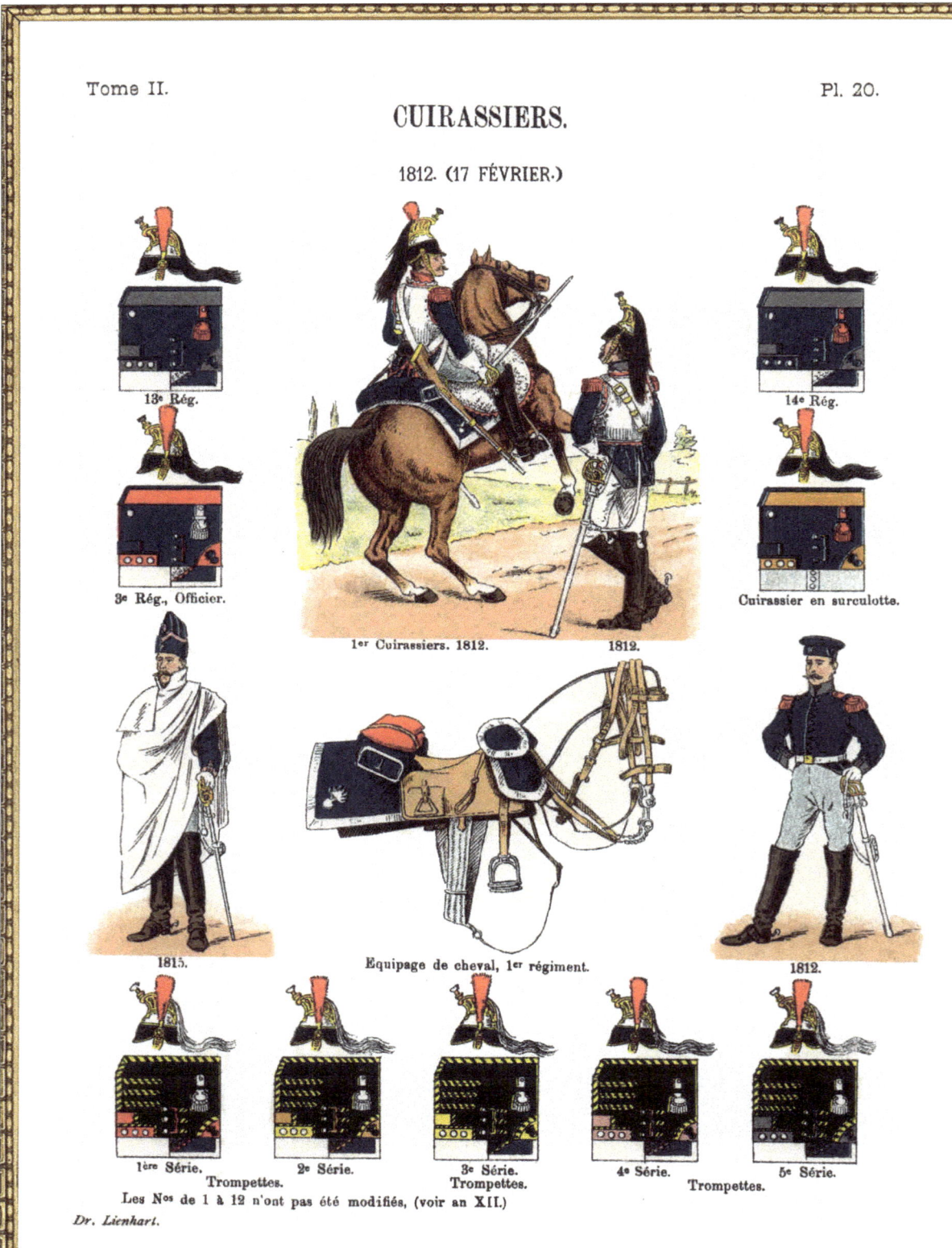

13e Rég.

14e Rég.

3e Rég., Officier.

Cuirassier en surculotte.

1er Cuirassiers. 1812.

1812.

1815.

Equipage de cheval, 1er régiment.

1812.

1ère Série.

2e Série.

3e Série.

4e Série.

5e Série.

Trompettes.

Trompettes.

Trompettes.

Les Nos de 1 à 12 n'ont pas été modifiés, (voir an XII.)

Dr. Lienhart.

CUIRASSIERS.

1815.

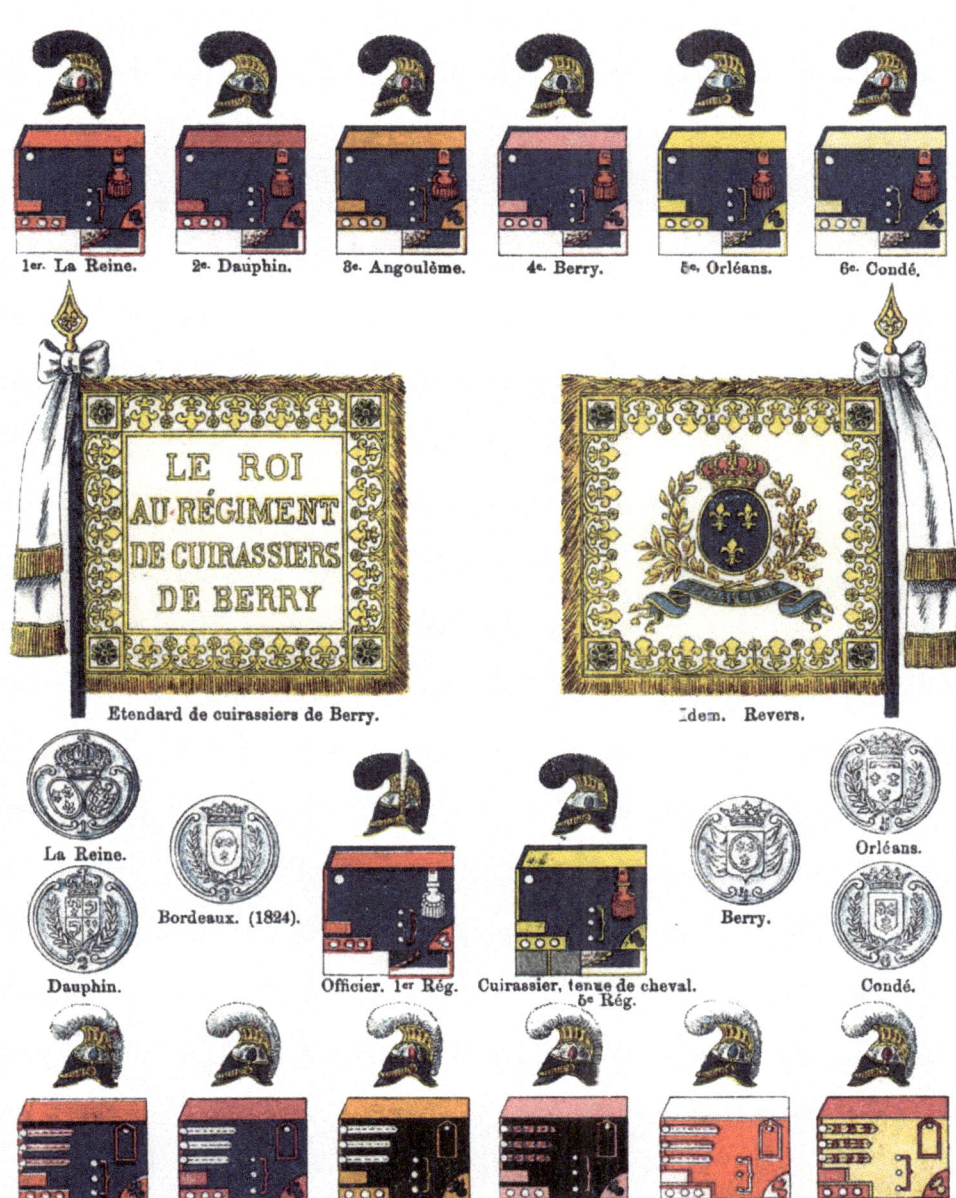

1er. La Reine.   2e. Dauphin.   3e. Angoulème.   4e. Berry.   5e. Orléans.   6e. Condé.

LE ROI AU RÉGIMENT DE CUIRASSIERS DE BERRY

Etendard de cuirassiers de Berry.   Idem.   Revers.

La Reine.   Bordeaux. (1824).   Orléans.

Dauphin.   Officier. 1er Rég.   Cuirassier, tenue de cheval. 5e Rég.   Berry.   Condé.

La Reine.   Dauphin.   Angoulème.   Berry.   Orléans.   Condé.

Trompettes, 1815.

27

CUIRASSIERS.

1831.

1er Rég. 2e Rég. 3e Rég. 4e Rég. 5e Rég. 6e Rég.

7e Rég. 8e Rég. 9e Rég. 10e Rég. Trompette. Officier.

1842.

1er Rég. 2e Rég. 3e Rég. 4e Rég. 5e Rég. 6e Rég.

7e Rég. 8e Rég. 9e Rég. 10e Rég. Petite tenue. Officier, tenue de ville.

1852. 1858. 1890.

1er Rég. 2e Rég. 3e Rég. 4e Rég. Tous les regts. Tous les regts.

Nota. 1852. Les couleurs indiquées ici sont celles prescrites par la décision du 27 novembre, qui modifiait celle du 12 octobre (1er et 2e régiment: collet rouge, passepoil blanc; 3e et 4e: collet bleu, passepoil blanc. Patte de parement blanche.

CUIRASSIERS.

Pl. 23.

1816.

Masque de cimier, 1812.

Tige.

Houpette.

Casque.
1879.

Jugulaire et rosace,
1812.

Mode d'attache
des jugulaires.

Jugulaire.

1831.

Bonnet de police, 1822.

Rosage de jugulaire,
vue de derrière.

Aileron de
cimier.

Masque de
cimier.

Bonnet de police, 1837.

1879.

Bandeau.

1879.

1831.

1815.

1812.
(Officier.)

1845.

1870.

1816.

Chapeaux d'officiers,

profil.

face.
1845.

1892.
(Officier.)

R. Humbert.

CUIRASSIERS.

Pl. 24.

Tunique, 1859.

Boutons, 1845.

Veste, 1845.

Bonnet de police, 1860.

Schabraque, 1845.

Bonnet de police (Soldat), 1845.

Maréchal de logis chef.

Carabine de cuirassiers, 1892.

Maréchal de logis.

devant.   Habit frac. (Officier.)   pan.

Capote, officier.

R. Humbert.

Pl. 25.

CUIRASSIERS.

INSIGNES DES GRADES. 1879.

Colonel.

Lieut.-colonel.

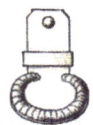
Contre-épaulette.
Commandant
et major.

Capitaine.

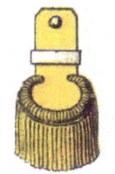
Adjudant-major.

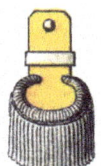
Instructeur.

Colonel.

Lieut.-colonel.

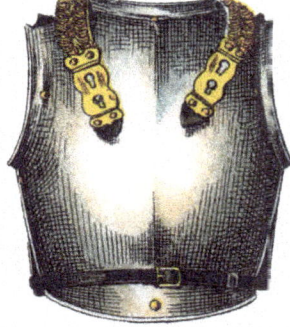
Cuirasse.

Capitaine.

Adjudant-major.

Colonel.

Lieut.-colonel.

Contre-épaulette.
Lieutenant et
Sous-lieutenant.

Bosette de mors.
1845.

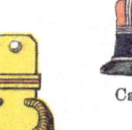
Adjudant.

Capitaine.

Instructeur.

Chef d'escadron.

Major.

Lieutenant.

Sous-lieutenant.

Chef d'escadron.

Major.

1892.

Lieutenant.

Sous-lieutenant.

Dr. Lienhart.

31

CUIRASSIERS.

1803. Trompette. (4e Cuirassiers).   1804. Cuirassier,   1812. Trompette. (1er Cuirassiers).
                                    tenue de pansage. (7e Rég.)

1812. Galon de trompette.

1812 Tablier de trompette.

Galon de trompette.
Livrée de Berry. (4e Rég.)

Galon de trompette
depuis 1830.

Galon de trompette.
Livrée du Roi. (1er Cuirassiers).

1806. Bonnet de   1816. Bonnet de
police d'officier   police. Officier subalterne.
supérieur.

1814—1815. Trompette. (1er Cuirassiers).   1816. Trompette. (4e Cuirassiers).

R. Humbert

DRAGONS.

1er JANVIER 1690.

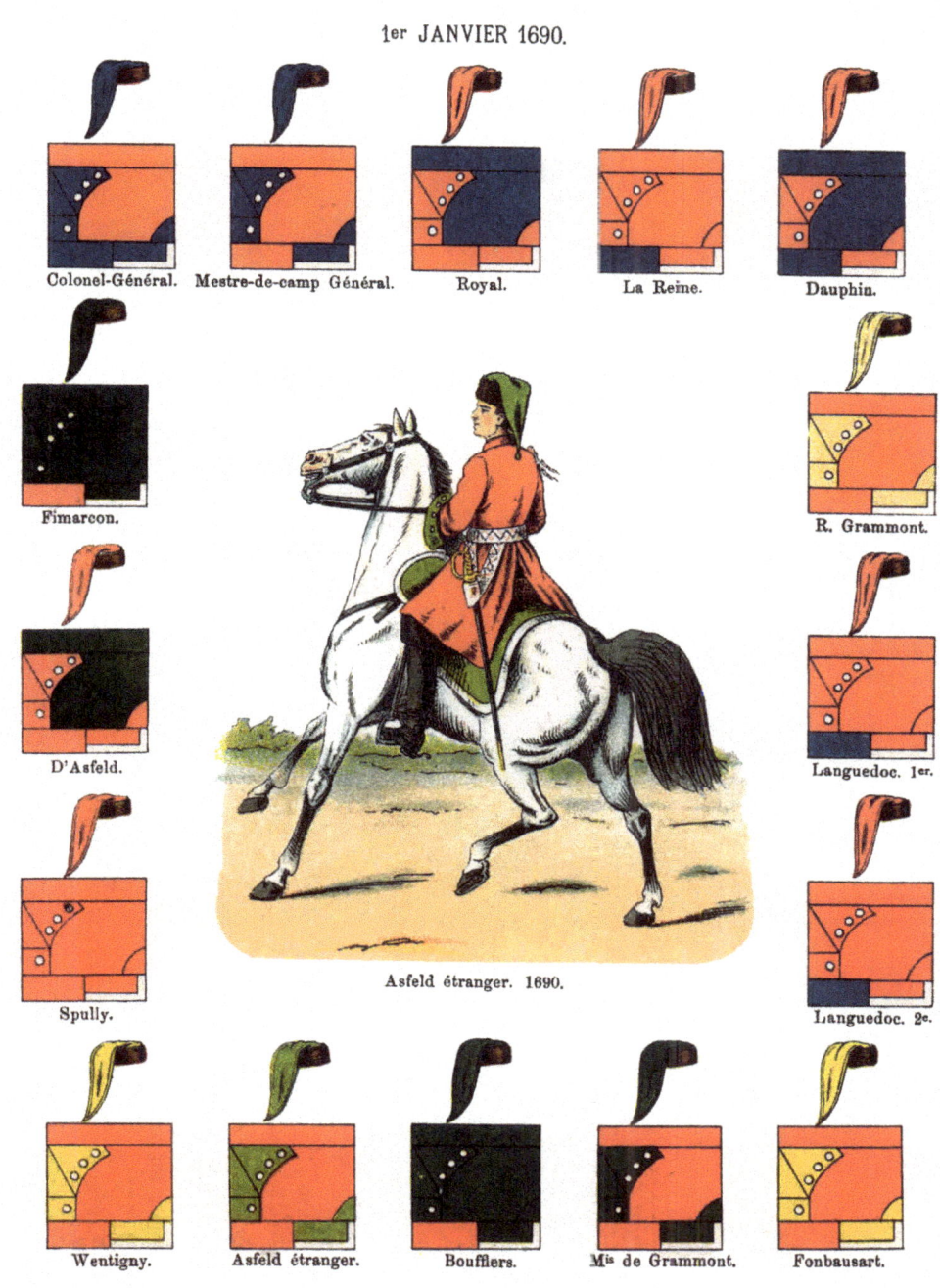

Colonel-Général.   Mestre-de-camp Général.   Royal.   La Reine.   Dauphin.

Fimarcon.

R. Grammont.

D'Asfeld.

Languedoc. 1er.

Spully.

Asfeld étranger. 1690.

Languedoc. 2e.

Wentigny.   Asfeld étranger.   Boufflers.   Mis de Grammont.   Fonbausart.

R. Humbert. — Dr. Lienhart.

33

DRAGONS.

20e AVRIL 1736.

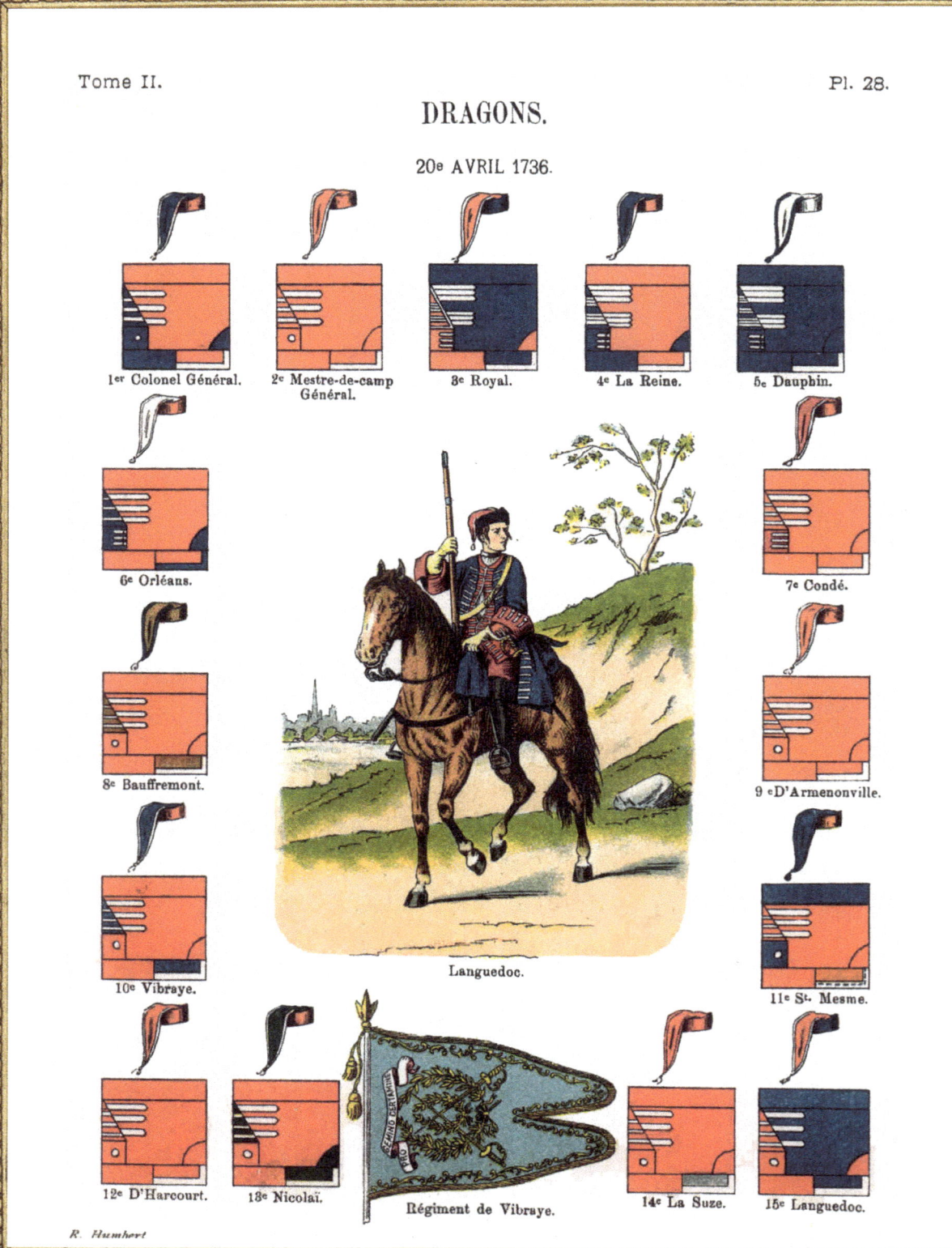

1er Colonel Général.

2e Mestre-de-camp Général.

3e Royal.

4e La Reine.

5e Dauphin.

6e Orléans.

7e Condé.

8e Bauffremont.

9 eD'Armenonville.

10e Vibraye.

Languedoc.

11e St. Mesme.

12e D'Harcourt.

13e Nicolaï.

Régiment de Vibraye.

14e La Suze.

15e Languedoc.

R. Humbert

DRAGONS.

1762.

1er Colonel-Général.   2e Mestre-de-Camp   3e Royal.   4e Le Roi.   5e La Reine.   6e Dauphin.
Général.

7e Orléans.

8e Beauffremont.

9e Choiseul.

10e D'Autichamps.

1767.   1762.
Orléans-Dragons.   Dragon du Rég^t d'Autichamps.
Tambour-major en petit
uniforme.

11e Chabot.

12e Coigny.

13e Nicolaï.   14e Chapt.   15e Chabrillant.   16e Languedoc.   17e Schomberg.

Dr. Lienhart. — R. Humbert.

35

DRAGONS.

1776.

Colonel-Général 1er.   Mestre-de-Camp Général 2e.   Royal 3e.   Du Roi 4e.   La Reine 5e.   Dauphin 6e.

De Monsieur 7e.   Comte d'Artois 8e.

Orléans 9e.   Chartres 10e.

Condé 11e.   Bourbon 12e.

Orléans-Dragons. Hautbois. 1724.   Custine-Dragons. Soldat.   Dauphin-Dragons. Tambour. 1767.

Conti 13e.   Penthièvre 14e.   Boufflers 15e.   Lorraine 16e.   Custine 17e.   La Rochefoucauld 18e.

DRAGONS.

1776 (Suite).

Jarnac 19e. Lanau 20e. Belsunce 21e. Languedoc 22e. Noailles 23e. Schomberg 24e.

1698. 1724.

1724. 1745.

1786.
(Soldat.)

Coiffures des Dragons

1786.
(Officier.)

1786.
Rég. Colonel-Général.

Pokalem
(Bonnet de petite
tenue).
1772.

Fontes à pistolets.

Guidon des Dragons
de Languedoc.

Guidon des Dragons
d'Orléans.

Veste de manége. 1772.

Guêtre 1750.

Ceinturon garni.
1750.

Ceinturon garni.
1724.

Selle d'exercice 'e de
garnie de ses fontes.
1772.

DRAGONS.

1779.

1er Colonel-Général.   2e Mestre-de-Camp   3e Royal.   4e Du Roi.   5e La Reine.   6e Dauphin.
                    Général.

7e De Monsieur.   8e D'Artois.

9e Orléans.   10e Chartres.

11e Condé.   Orléans-Dragons   Royal-Dragons.   12e Bourbon.
                Trompette.   Soldat.
                  1780.

13e Conti.   14e Penthièvre.   15e Boufflers.   16e Lorraine.   17e Custine.   18e La Rochefoucauld.

Pl. 33.

DRAGONS.

1779 (Suite).

19e Jarnac. 20e Lanau. 21e Belsunce. 22e Languedoc. 23e Noailles. 24e Schomberg.

1786.

Comte d'Artois 8e.

Sabre, 1760.

Casque, 1776.

1786.

Condé 11e.

Sabre, 1786.

Casque, 1776.

Régiment de la Rochefoucauld
(No. 18.)
1786.

Bourbon 12e. Boufflers 15e. Lorraine 16e. Montmorency 17e. La Rochefoucauld 18e.

1786, régiments non indiqués n'ont pas changé d'uniforme et ont conserve celui de 1779.
Il nous a paru curieux de coiffer les deux dragons du groupe central d'un casque mis à l'essai dans quelques régiments en 1786.

DRAGONS.
1791

1er Royal.   2e Condé.   3e Bourbon.   4e Conti.   5e Colonel-Général.   6e La Reine.

7e Dauphin.

8e Penthièvre.

9e Lorraine.

11e Drag. 1793.   22e Drag. An XII.   5e Drag., 1791.
Officier.

10e Mestre-de-camp Général.

11e Angoulême.

12e Artois.

13e Monsieur.   14e Chartres.   15e Noailles.   16e Orléans.   17e Schomberg.   18e Du Roi.

DRAGONS.

24. Février 1793.   5 Floréal, An IV   1er Vendémiaire, An XII.

19e Rég.
(Cie d'élite.)

20e Rég.

21e Rég.

22e Rég.

23e Rég.

24e Rég.

Casque, 1806.

Casque, 1806.

22e Drag., 1805.
Trompette.

6e Drag., officier.
(Tenue de ville.)

21e Drag., officier.
(en surculotte.)

8e Drag., soldat.
(Compagnie d'élite.)

9e Drag., 1802.
Trompette.

25e Rég.

26e Rég.

27e Rég.

28e Rég.

29e Rég.

30e Rég.

Dr. Lienhart — R. Humbert

DRAGONS.
7 Février 1812.

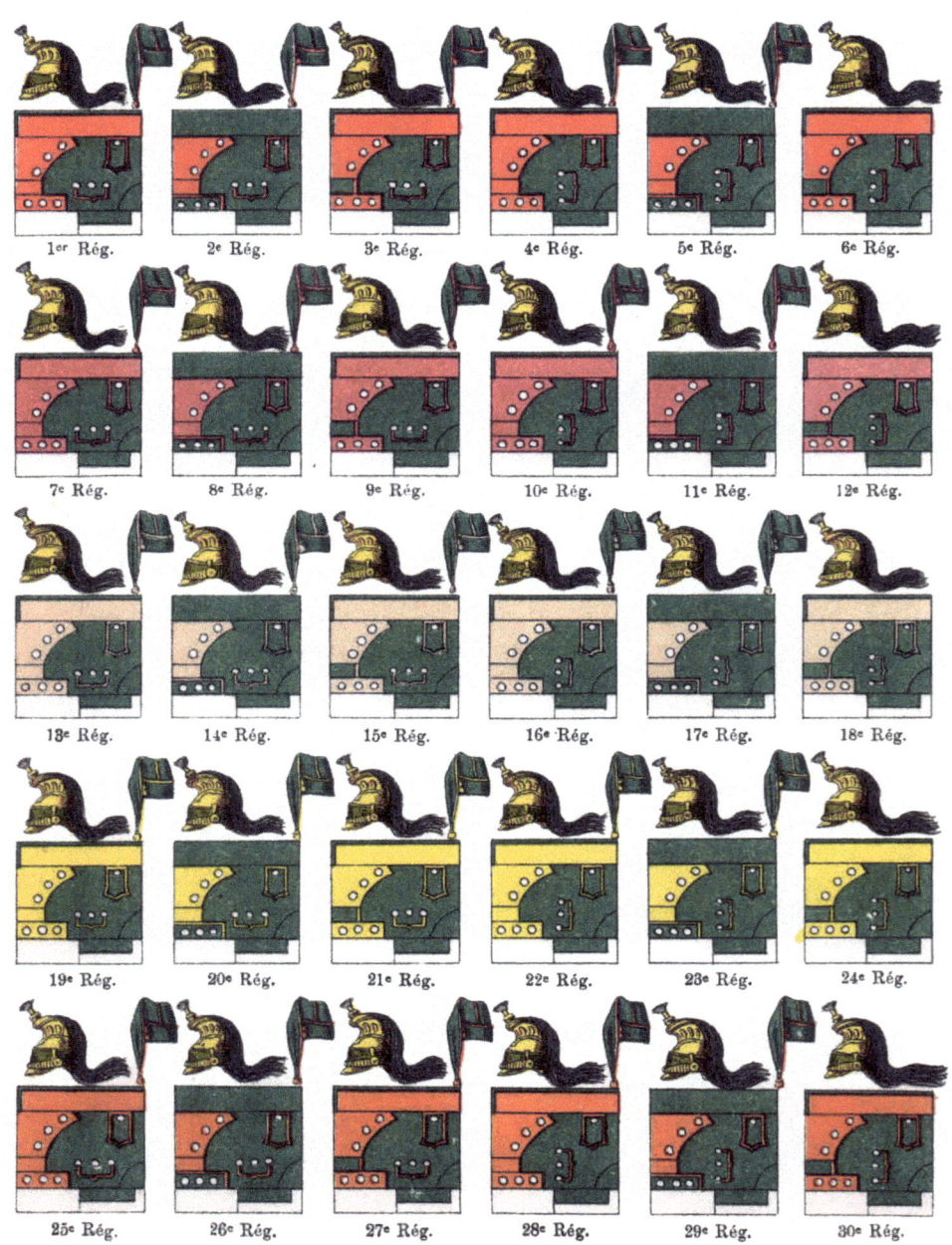

1er Rég.	2e Rég.	3e Rég.	4e Rég.	5e Rég.	6e Rég.
7e Rég.	8e Rég.	9e Rég.	10e Rég.	11e Rég.	12e Rég.
13e Rég.	14e Rég.	15e Rég.	16e Rég.	17e Rég.	18e Rég.
19e Rég.	20e Rég.	21e Rég.	22e Rég.	23e Rég.	24e Rég.
25e Rég.	26e Rég.	27e Rég.	28e Rég.	29e Rég.	30e Rég.

Dr. Lienhart. — R. Humbert

DRAGONS.

23e Dragons.
Housse et chaperons.

Bouton.

28e Dragons.
Selle, fontes et bride.

12e Dragons, trompette. 1812.

25e Dragons.
Officier supérieur.
1806.

3e Dragons.
Officier. 1812.

19e Dragons, 1808.
(Tenue en Espagne.)

Officier en frac.

20e Dragons, 1806.
Soldat en petite tenue
et en manteau.

Dr. Lienhart. — R. Humbert.

DRAGONS.

1815.

Dragon à pied, tambour.
1806.

1er Calvados.

2e Doubs.

3e Garonne.

4e Gironde.

Dragon à pied, sapeur. 1806.

5e Hérault.

6e Loire.

7e Manche.

8e Rhône.

1er Dragons, 1816.
(Tenue d'exercice.)

3e Régt Dragons, 1815.
(Grande tenue.)

Dragon en service à pied.
1806.

Dr. Lienhart. — R. Humbert.

9e Saône.

10e Seine.

Trompette.

Officier.

Dragon à pied. 1806.

DRAGONS.
11 JUILLET 1821.

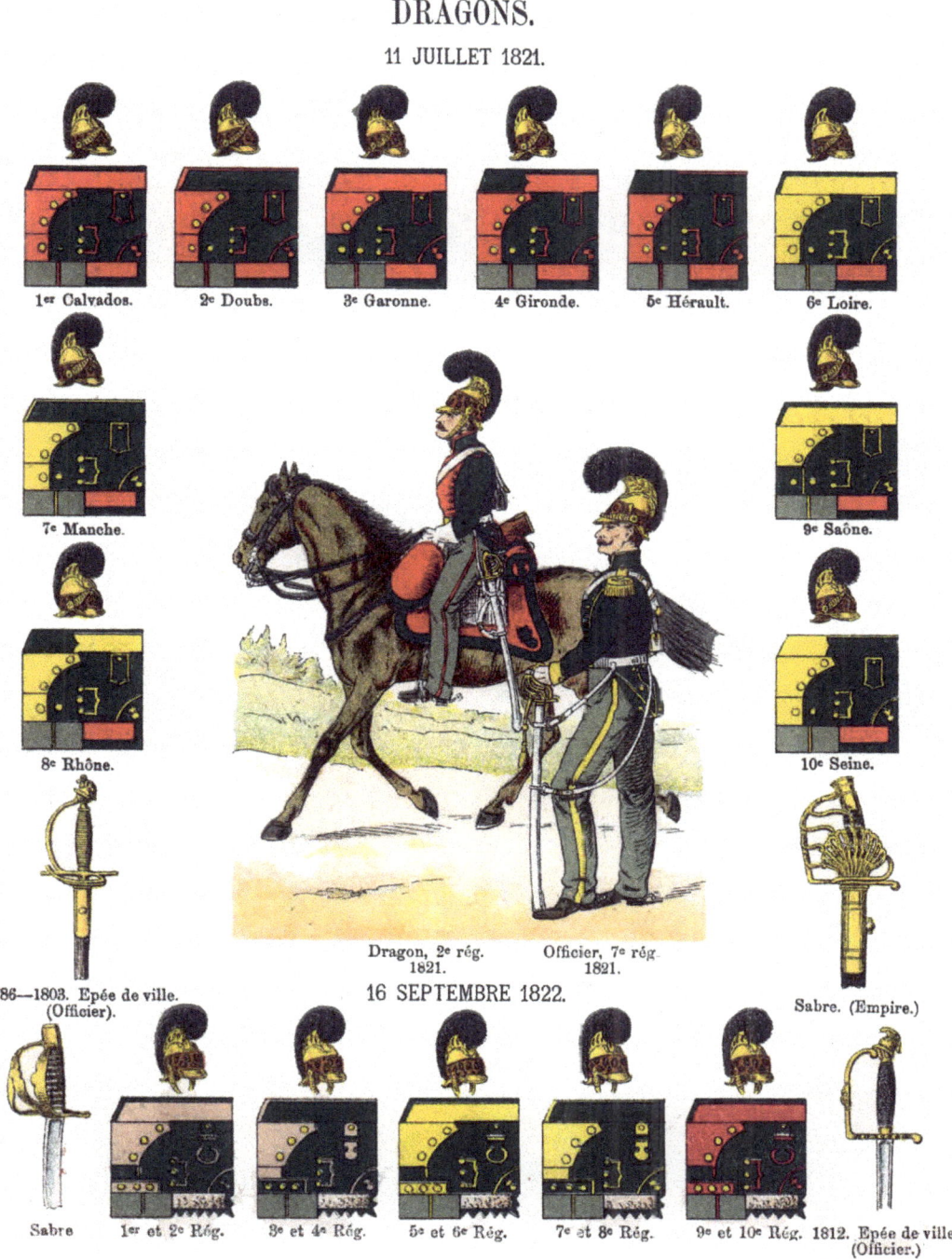

1er Calvados.

2e Doubs.

3e Garonne.

4e Gironde.

5e Hérault.

6e Loire.

7e Manche.

9e Saône.

8e Rhône.

10e Seine.

1786—1803. Epée de ville.
(Officier).

Dragon, 2e rég.
1821.

Officier, 7e rég.
1821.

Sabre. (Empire.)

16 SEPTEMBRE 1822.

Sabre

1er et 2e Rég.

3e et 4e Rég.

5e et 6e Rég.

7e et 8e Rég.

9e et 10e Rég.

1812. Epée de ville.
(Officier.)

DRAGONS.

1825.

Pl. 40.

1er et 2e.   3e et 4e.   5e et 6e.   7e et 8e.   9e et 10e.

11e.   12e.

Dragon.   Officier en frac.

1831.   1831.

Trompette.   1er et 2e.   Casque. 1822.   3e et 4e.   Officier.

5e et 6e.   7e et 8e.   9e et 10e.   11e.   12e.

DRAGONS.

1845.

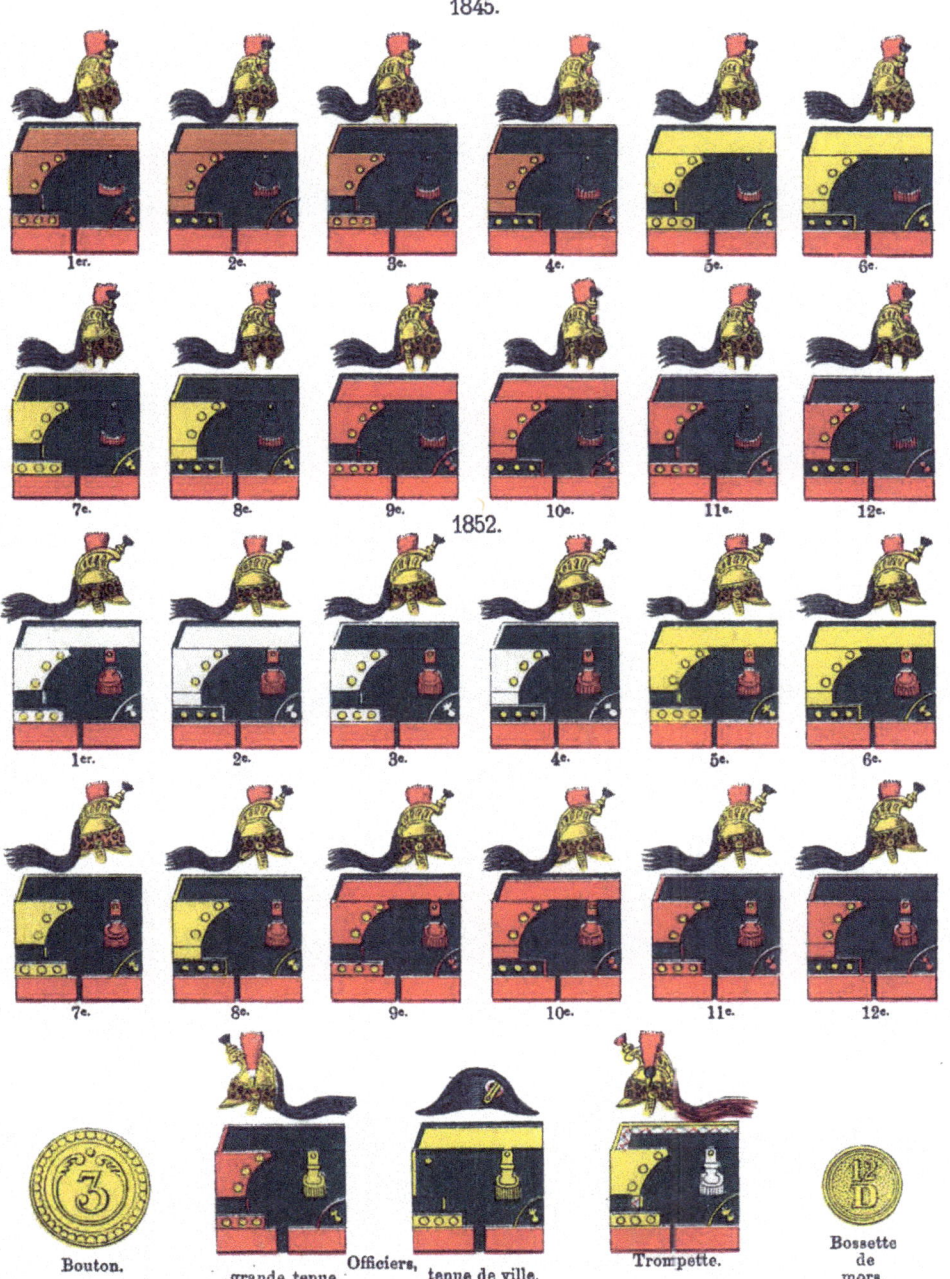

1er. 2e. 3e. 4e. 5e. 6e.

7e. 8e. 9e. 10e. 11e. 12e.

1852.

1er. 2e. 3e. 4e. 5e. 6e.

7e. 8e. 9e. 10e. 11e. 12e.

Bouton.

Officiers, grande tenue. tenue de ville.

Trompette.

Bossette de mors.

NB. Pour la schabraque commune à toute l'arme, voir Pl. 44.

DRAGONS.

1861.

1er Rég. 2e Rég. 3e Rég. 4e Rég. 5e Rég. 6e Rég.

7e Rég. 10e Rég.

8e Rég. 11e Rég.

9e Rég. 12e Rég.

Dragons, tenue de campagne, 5e Rég. ent.

1861.

Officier, 10e Rég. Trompette, 6e Rég. Petite tenue.

1861

DRAGONS.
1852. (12 Octobre).

Insigne de rengagement
Brigadier et soldat. 1895.

1er Rég.

2e Rég.

3e Rég.

4e Rég.

Insigne de rengagement.
Sous-Officier. 1890.

Casque.
1ère République.

4e Dragons, 1810.
Musicien.

1831. Dragon,
tenue de manége.

Bonnet d'écurie.
1873.

Bonnet d'écurie.
1896.

Casque. 1873.

Casque. 1873.

Maréchal-ferrant.
1870.

Porte-crosse et ses attaches.

Sapeur. 1880.

DRAGONS.

Pl. 44.

Schabraque, 1821.

Officier, tenue de ville.
1879.

Dragon, petite tenue.
1879.

1868.

1872.

Schabraque. 1822.

Casque. 1868—71—73.

Schabraque. 1845.

Schabraque. 1861.

Schabraque. 1868.

Dragon. 1879.

Dragon. 1890.

1870.

1879.

Officier. 1879.

Ornements de la Patelette
de giberne. 1873.

Officier. 1890.

1889.

DRAGONS.

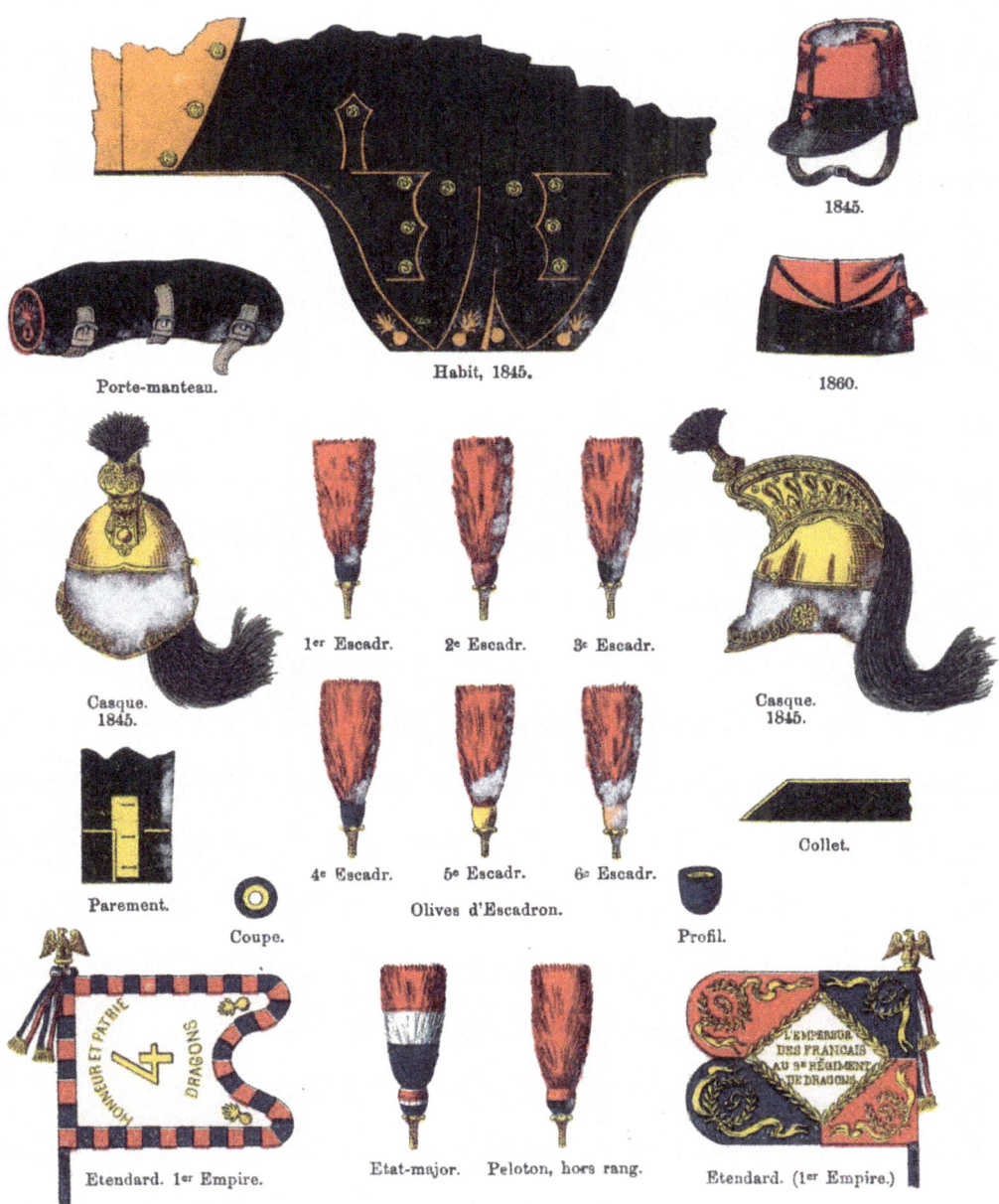

Porte-manteau.

Habit, 1845.

1845.

1860.

Casque.
1845.

1er Escadr.   2e Escadr.   3e Escadr.

Casque.
1845.

4e Escadr.   5e Escadr.   6e Escadr.

Collet.

Parement.

Coupe.

Olives d'Escadron.

Profil.

Etendard. 1er Empire.

Etat-major.   Peloton, hors rang.

Etendard. (1er Empire.)

CHEVAU-LÉGERS.

1779.

1er Régiment.　2e Régiment.　3e Régiment.　4e Régiment.　5e Régiment.　6e Régiment.

2e Régiment.

Sabre.　　Trompette.　　Cavalier.　　Epaulettes (Officier).

Epaulettes et aiguillettes.

  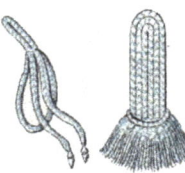   

1er Rég.　1er Rég.　2e Rég.　3e Régiment.　4e Rég.　5e Rég.　6e Rég.　4e Rég.

Pl. 47.

CHEVAU-LÉGERS LANCIERS.

Règlements français et polonais

1er Régiment.
(culotte hongroise).

2e Régiment.
(Pantalon de cheval).

3e Régiment.

4e Régiment.

5e Régiment.

6e Régiment.

Officier.
4e Rég. (français).

Trompette.
1811.

Chapeau. (Tenue de ville.)
2e Rég.

Casque.

Officier.

Compagnie d'élite.

7e Régiment.

8e Régiment.

9e Régiment.

Officier
7e Rég. (polonais).

Trompettes.

1811.

1812.

LANCIERS.

29 AOUT 1830.

Lancier d'Orléans.

1830.

1831.

1837.
Officier, petite tenue.

6 MAI 1831.

1er Rég.   2e Rég.   3e Rég.   4e Rég.   5e Rég.   6e Rég.

28 FÉVRIER 1837—1839.

1er Rég.   2e Rég.   3e Rég.   4e Rég.   5e Rég.   6e Rég.

1837.   15—20 JUIN 1868.

7e Rég.   8e Rég.   Trompette.

Sacoche.   Fontes de lancier.   Fonte de Mousqueton.

Dr. Lienhart — R. Humbert

LANCIERS.
FLAMMES DE LANCE.

Flamme des Lancier d'Orléans.

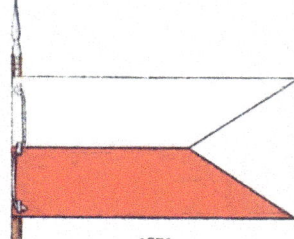

1870.

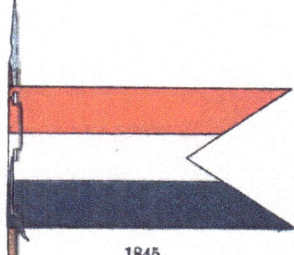

1845.

Insignes des grades:
Maréchal-de-logis.

Plaque de shapska des
Lanciers d'Orléans.

Insignes des grades:
Brigadier.

Plaque de ceinturon.

Bossette de mors.

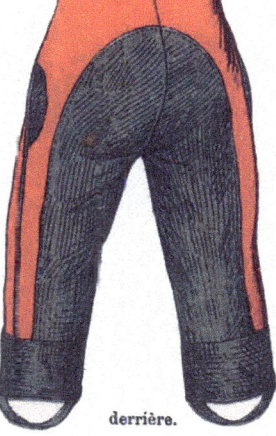

devant.   Pantalon de cheval.   derrière.

LANCIERS.

Shapska. 1839.
Coté droit.

Schabraque.

Shapska. 1839.
Coté gauche.

Bouton.

1868.

Sous-Lieutenant.
1855.

Etrier avec la botte
de lance.

1831.

Details
du pan d'habit.

Collet.

Ornement
de bonnet de police.

Parement

CHASSEURS A CHEVAL.
1779.

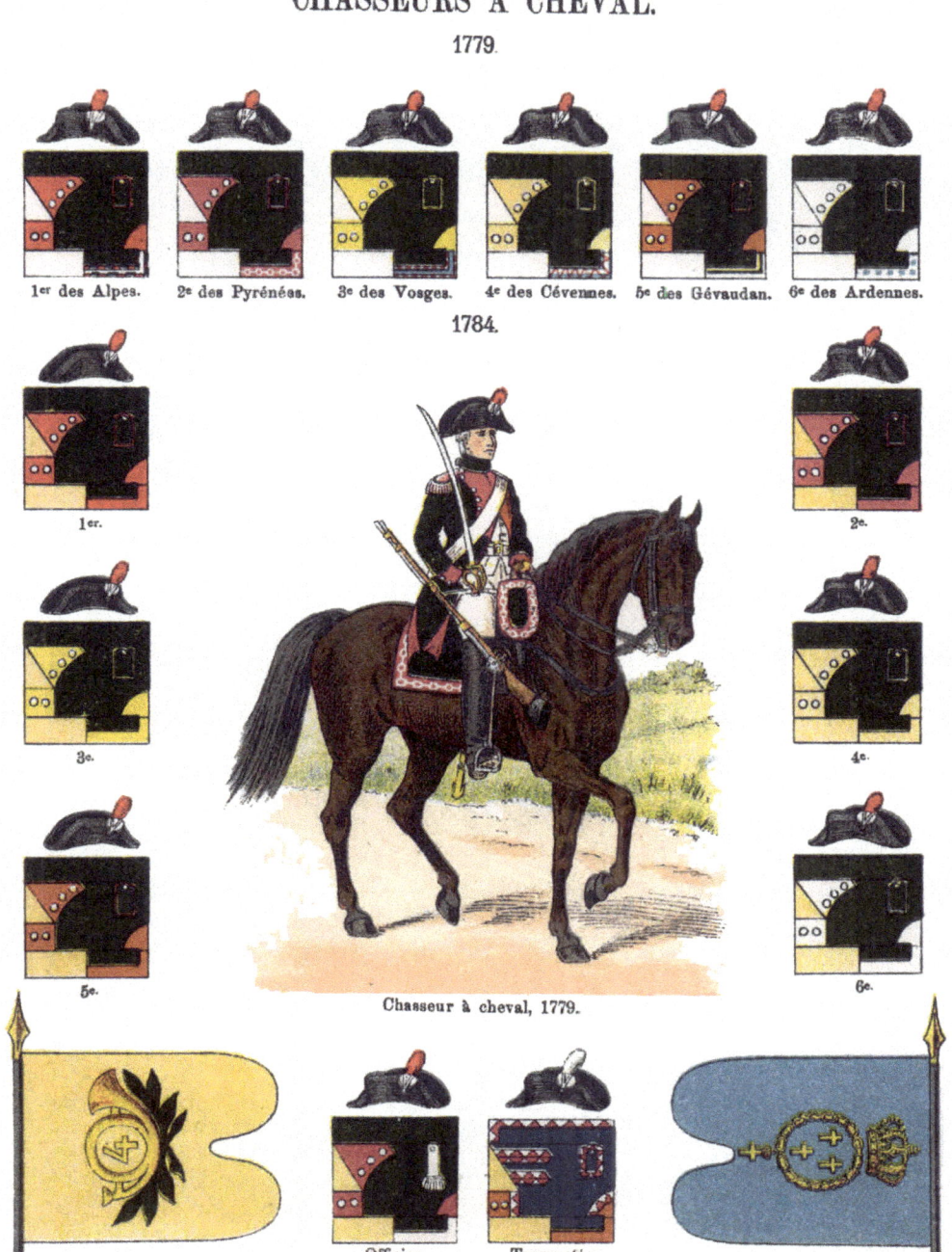

1er des Alpes.   2e des Pyrénées.   3e des Vosges.   4e des Cévennes.   5e des Gévaudan.   6e des Ardennes.

1784.

1er.   2e.

3e.   4e.

5e.   6e.

Chasseur à cheval, 1779.

1779.   Officier.   Trompette.   1779.

Pl. 52.

CHASSEURS A CHEVAL.

RÈGLEMENT DU 1er OCTOBRE 1786.

1er Alpes. 2e Pyrénées. 3e Vosges. 4e Cévennes. 5e Gévaudan. 6e Ardennes.

ORDONNANCE DU 17 MARS 1788.

1er Alsace.

2e Evéchés.

8e Flandre.

4e Franche-Comté.

5e Hainaut.

1786.

1788.

6e Languedoc.

7e Picardie. 8e Guyenne. 9e Lorraine. 10e Bretagne. 11e Normandie. 12e Champagne.

CHASSEURS A CHEVAL.

DÉCISION ROYALE DU 1er DECEMBRE 1789.

1er Alsace.

2e Evéchés.

3e Flandre.

4e Franche-Comté.

5e Hainaut.

6e Languedoc.

1789. 6e Régiment.

7e Picardie.

8e Guyenne.

9e Lorraine.

Officier (Alsace).

10e Bretagne.

11e Normandie.

12e Champagne.

Officier (Lorraine).

CHASSEURS A CHEVAL.

ORDONNANCE PROVISOIRE DU 1er AVRIL 1791.

1er.   2e.   3e.   4e.   5e.   6e.   7e.   8e.   9e.   10e.   11e.   12e.

1er Régiment.

Officier (4e.)   Trompette (1er.)

Dr. Lienhart — R. Humbert.

60

Pl. 55.

CHASSEURS A CHEVAL.

1806.
13e Régiment.

1812.
Compagnie d'élite.
Tenue de campagne.

1799.

1793.

1812.   Trompettes.   1807.
19e Régiment.

1805.

1804.

1806. 1er Rég.
Compagnie d'élite.

1806, Officier.
6e Régiment.

Pl. 56.

CHASSEURS A CHEVAL.

DÉCRET DU 7 FÉVRIER 1812.

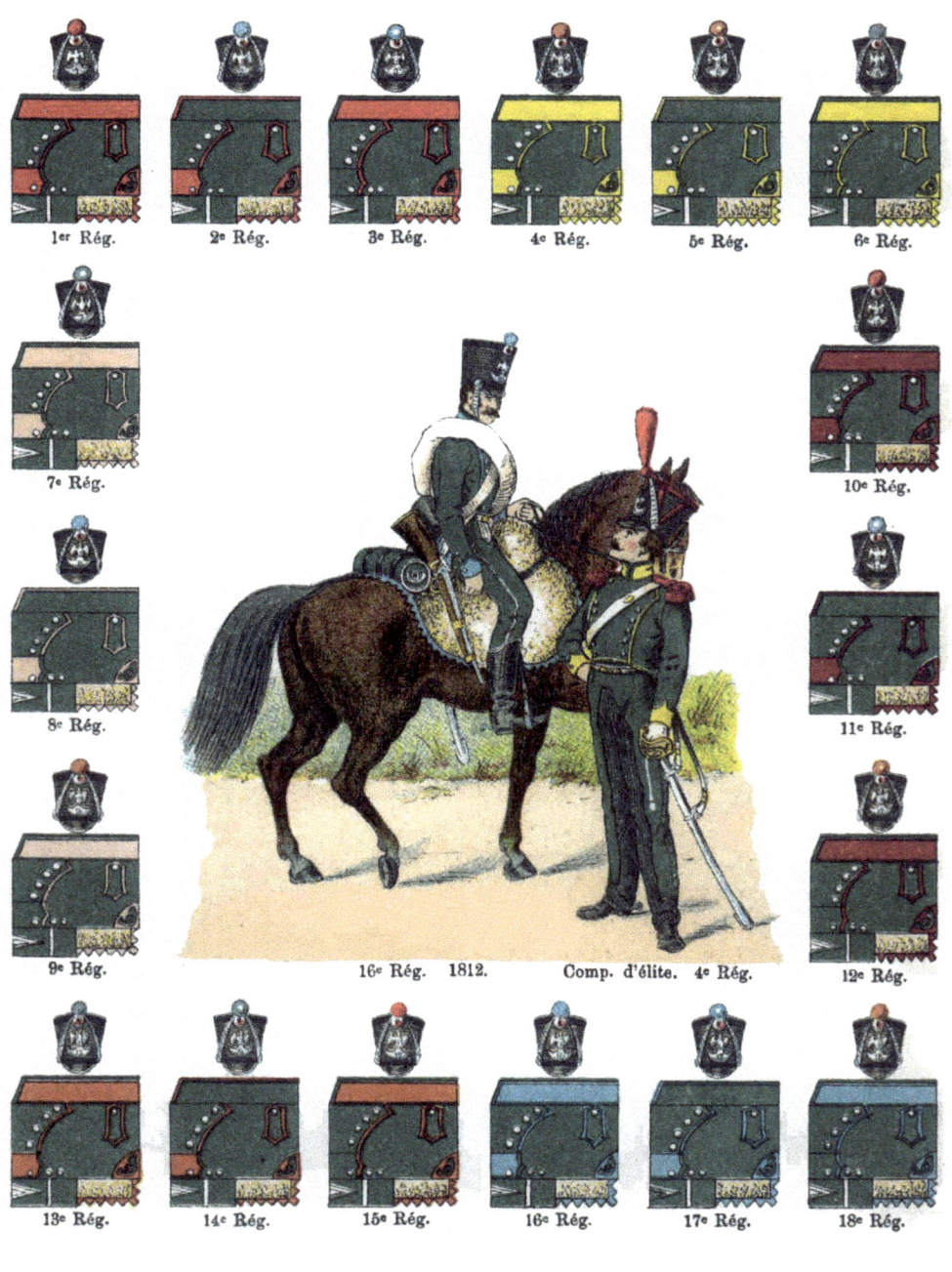

1er Rég.

2e Rég.

3e Rég.

4e Rég.

5e Rég.

6e Rég.

7e Rég.

10e Rég.

8e Rég.

11e Rég.

9e Rég.

16e Rég.   1812.   Comp. d'élite.   4e Rég.

12e Rég.

13e Rég.

14e Rég.

15e Rég.

16e Rég.

17e Rég.

18e Rég.

Dr. Lienhart — R. Humbert

CHASSEURS A CHEVAL.

DÉCRET DU 7 FÉVRIER 1812. (Suite.)

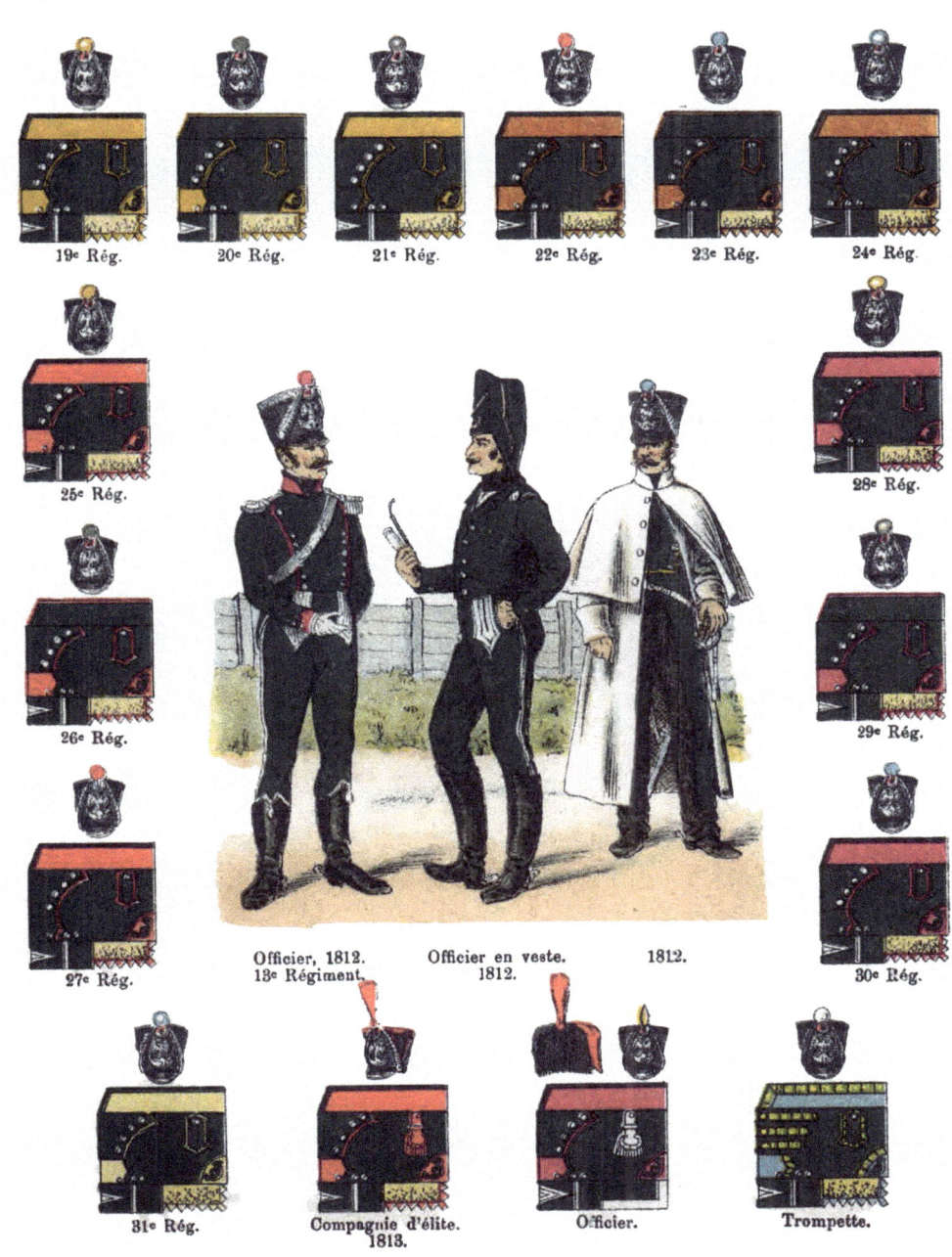

19e Rég.   20e Rég.   21e Rég.   22e Rég.   23e Rég.   24e Rég.

25e Rég.   28e Rég.

26e Rég.   29e Rég.

27e Rég.

Officier, 1812.   Officier en veste.   1812.   30e Rég.
13e Régiment.   1812.

31e Rég.   Compagnie d'élite.   Officier.   Trompette.
                  1813.

R. Humbert.

63

CHASSEURS A CHEVAL.

1815.

Pl. 58.

1er.   2e.   3e.   4e.   5e.   6e.

7e.   8e.   9e.   10e.   11e.   12e.

5e Régiment. 17e Régiment. Trompette.
Grande tenue. (Pantalon de cheval). 3e Régiment.

13e.   14e.   15e.   16e.   17e.   18e.

CHASSEURS A CHEVAL.

1815. (Suite.)

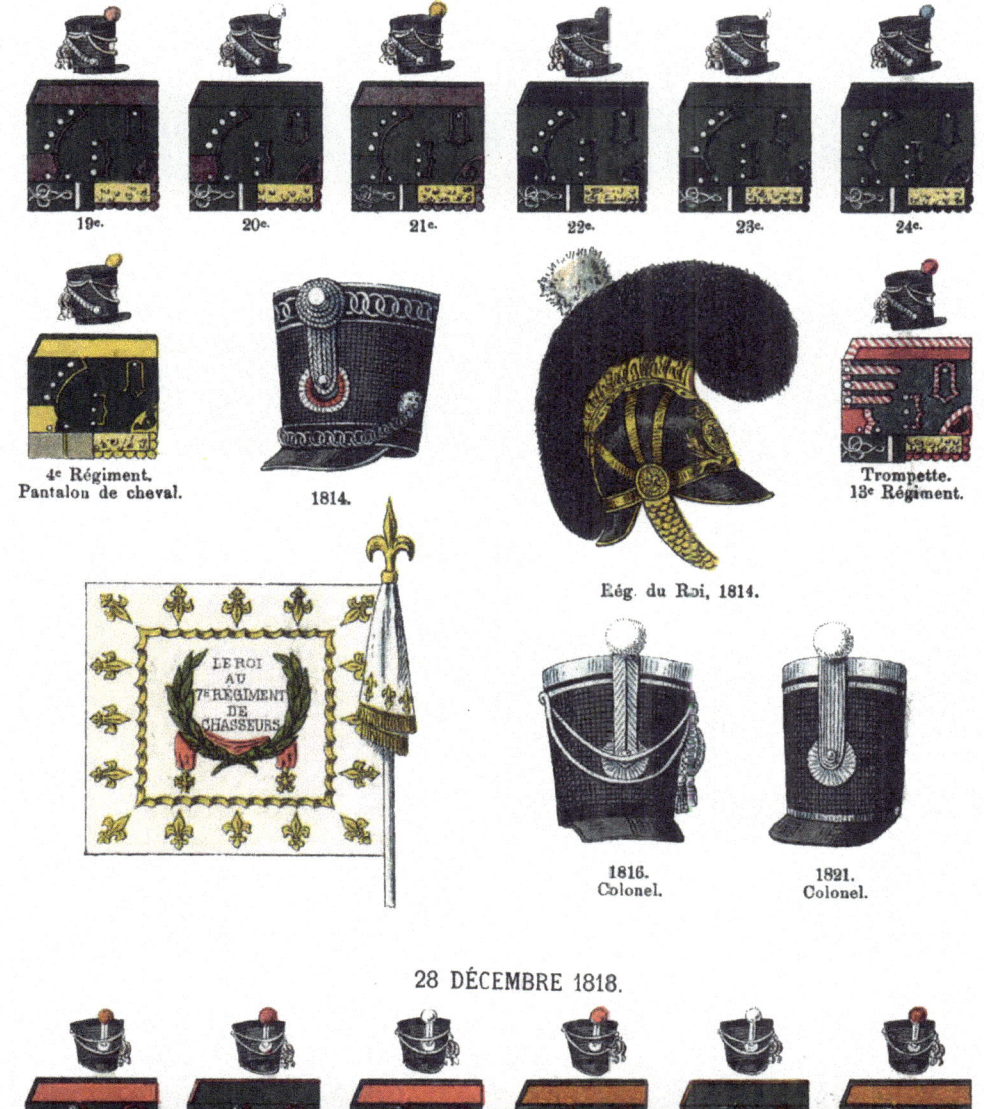

19e.   20e.   21e.   22e.   23e.   24e.

4e Régiment.
Pantalon de cheval.   1814.   Trompette.
13e Régiment.

Rég. du Roi, 1814.

LE ROI
AU
7e RÉGIMENT
DE
CHASSEURS

1816.   1821.
Colonel.   Colonel.

28 DÉCEMBRE 1818.

19e.   20e.   21e.   22e.   23e.   24e.

CHASSEURS A CHEVAL.

DÉCISION DU 11 JUILLET 1821.

Pl. 60.

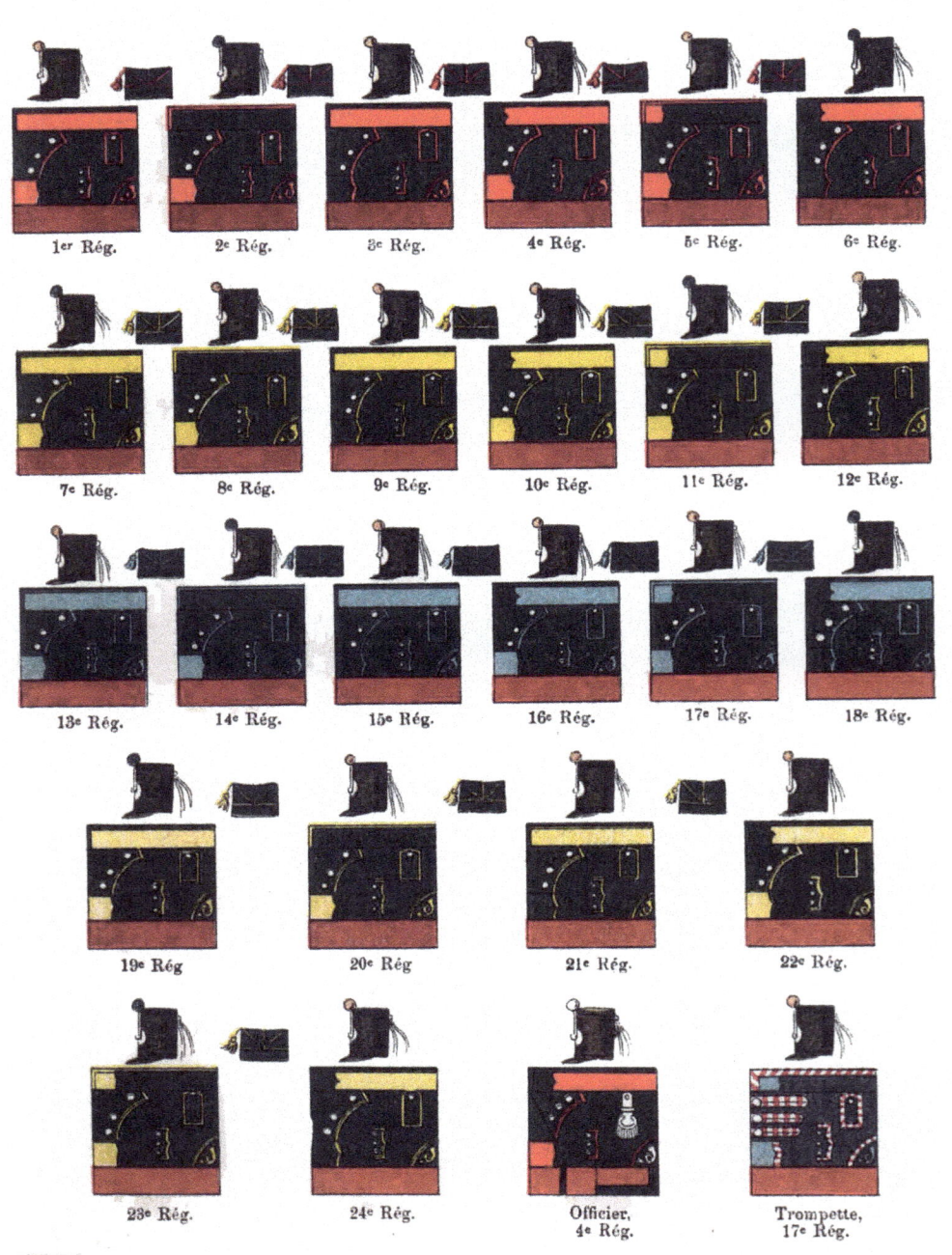

1er Rég. 2e Rég. 3e Rég. 4e Rég. 5e Rég. 6e Rég.

7e Rég. 8e Rég. 9e Rég. 10e Rég. 11e Rég. 12e Rég.

13e Rég. 14e Rég. 15e Rég. 16e Rég. 17e Rég. 18e Rég.

19e Rég 20e Rég 21e Rég. 22e Rég.

23e Rég. 24e Rég. Officier, 4e Rég. Trompette, 17e Rég.

CHASSEURS A CHEVAL.

16 SEPTEMBRE 1822.

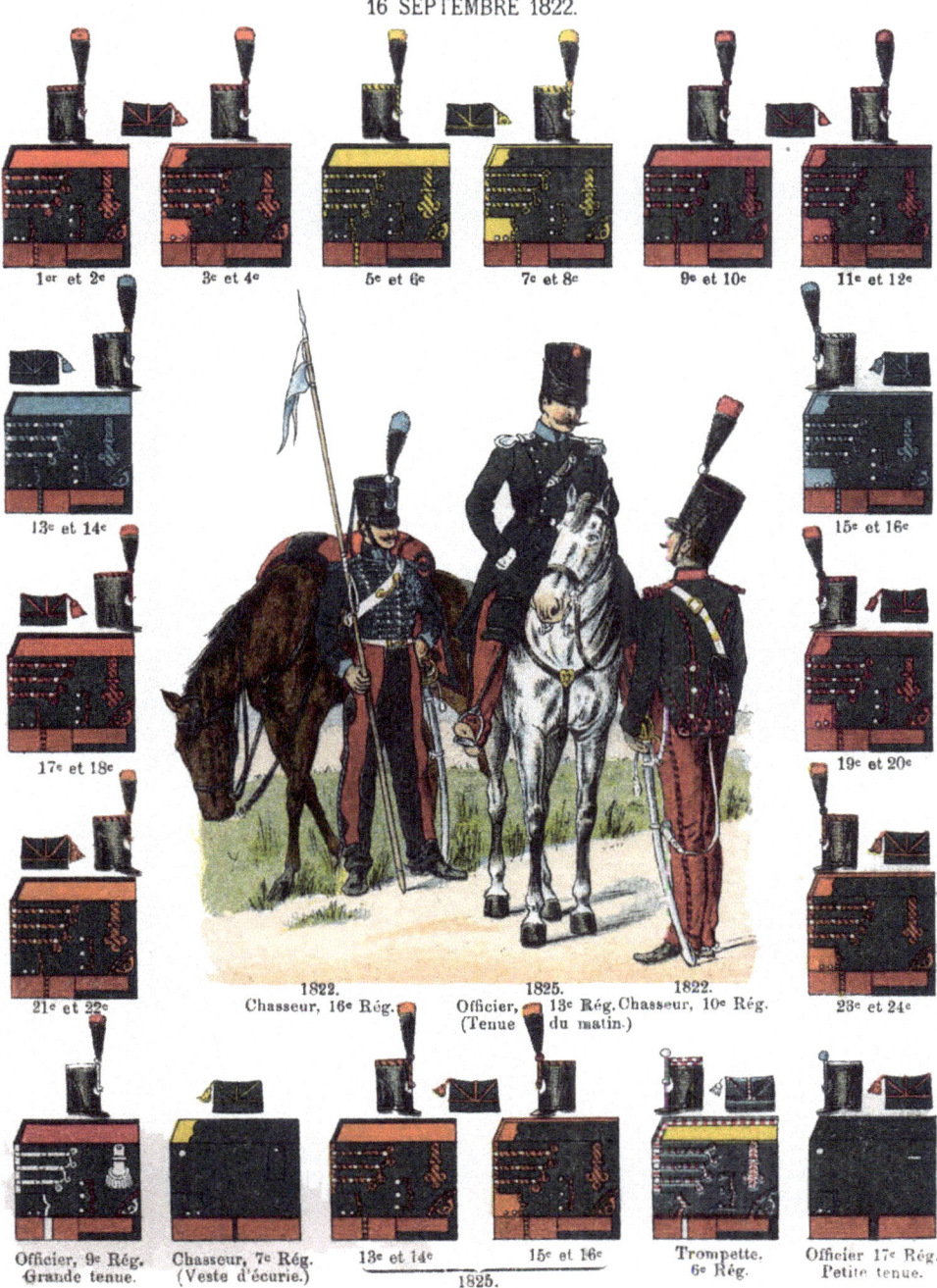

1er et 2e

3e et 4e

5e et 6e

7e et 8e

9e et 10e

11e et 12e

13e et 14e

15e et 16e

17e et 18e

19e et 20e

21e et 22e

1822.
Chasseur, 16e Rég.

1825.
Officier, 13e Rég.
(Tenue du matin.)

1822.
Chasseur, 10e Rég.

23e et 24e

Officier, 9e Rég.
Grande tenue.

Chasseur, 7e Rég.
(Veste d'écurie.)

13e et 14e

15e et 16e

1825.

Trompette.
6e Rég.

Officier 17e Rég.
Petite tenue.

R. Humbert.

CHASSEURS A CHEVAL.
6 MAI 1831.

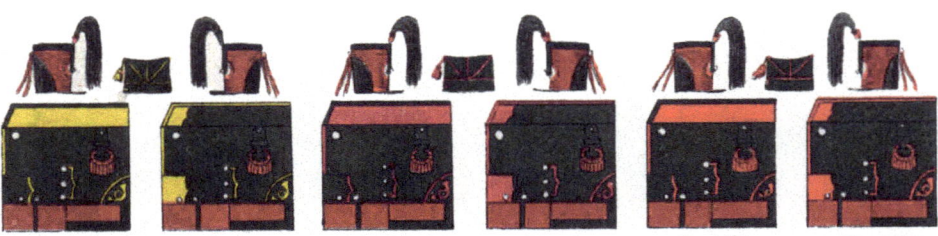

1er et 2e   3e et 4e   5e et 6e   7e et 8e   9e et 10e   11e et 12e

13e et 14e

Trompette, 1831.

Officier,
13e Régiment.

Chasseur, 11e Rég.   Chasseur, 7e Rég.
Tenue de ville.   Tenue de campagne.

Trompette, 1830.

Musicien.
1830—1831.

Adjudant-
sous-officier.

R. Humbert.

CHASSEURS A CHEVAL.
1843.

1er Rég.   2e Rég.   3e Rég.   4e Rég.   5e Rég.   6e Rég.

7e Rég.   8e Rég.

9e Rég.   10e Rég.

Chasseur, 5e Rég. Officier, 5e Rég.   Officier, 2e Rég.
Petite tenue.   Grande tenue.

11e Rég.   12e Rég.   13e Rég.   Officier,   Officier,   Trompette.
                                          grande tenue.   tenue en capote.

CHASSEURS A CHEVAL.

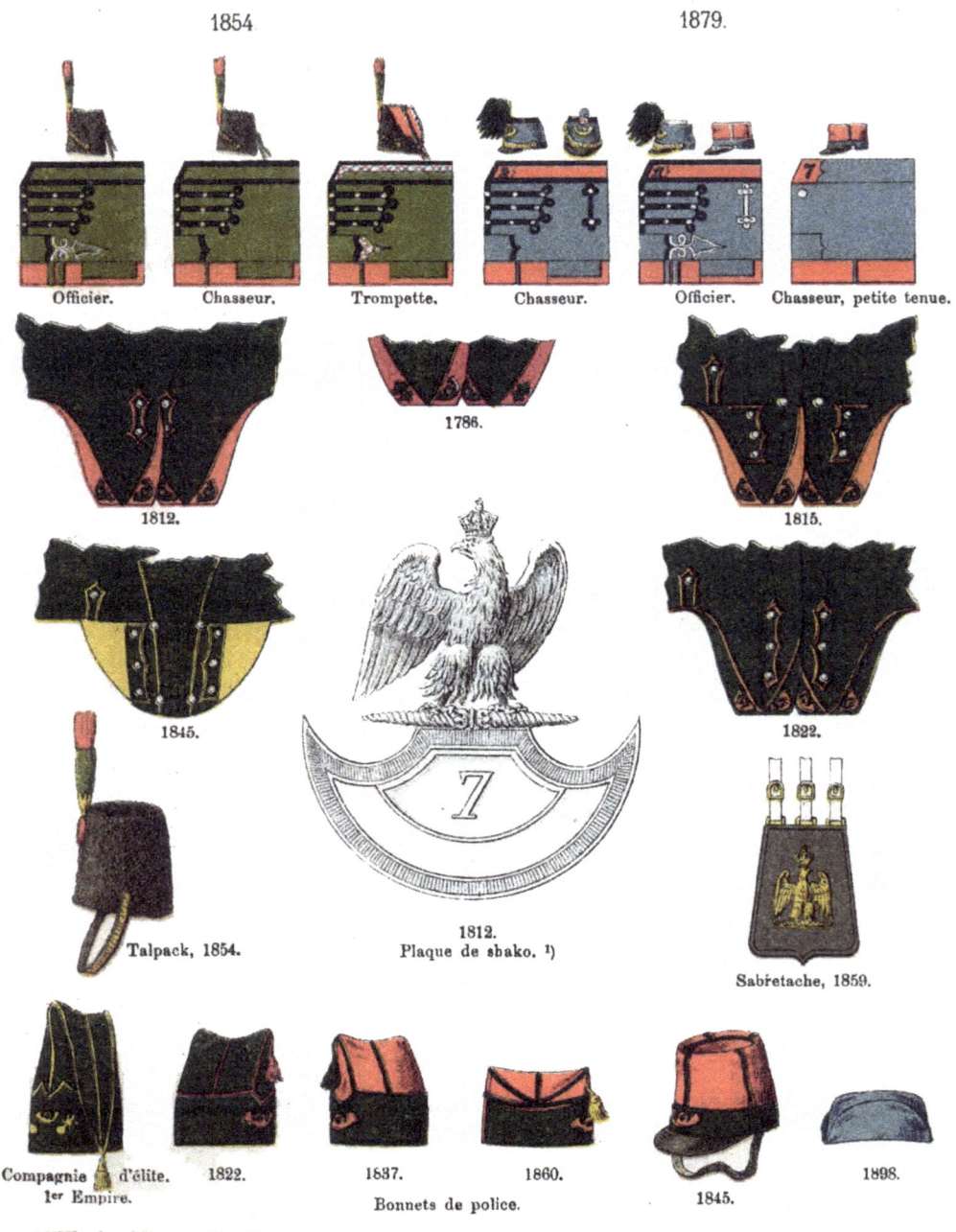

1854.

1879.

Officier.   Chasseur.   Trompette.   Chasseur.   Officier.   Chasseur, petite tenue.

1786.

1812.

1815.

1845.

1822.

1812.
Plaque de shako. [1]

Talpack, 1854.

Sabretache, 1859.

Compagnie d'élite.
1er Empire.   1822.   1837.   1860.

Bonnets de police.

1845.

1898.

modèle de plaque ne fut guère
mis en service.

CHASSEURS A CHEVAL.

COIFFURES DES CHASSEURS.

1786.　　　　　　1792.　　　　　1796.　　　　1806.　　　　　1806.　　　　1813—14.
　　　　　　　　　　　　　　　　　　　Compagnie d'élite.　　　　　　　　　　Officier.

Bossette de mors.　　Plaque de ceinturon.
1845.　　　　　　　　1845.

Sabres.
Modèle de l'an II.　Modèle 1822.

Bonds de porte-manteau
1845, soldat.　　　1880, officier.

Boutons,
face.　　　　profil.

Dolman de chasseur.
1er Empire.

Coiffures des chasseurs.
1822.　　　　　　　　1873.
　　　　　　　　　　　(Essai.)

Giberne et porte-mousqueton.
1er Empire.

Bride des chasseurs
(et hussards)
1812.

71

CHASSEURS A CHEVAL.

Banderolle, porte-giberne et mousqueton.

Giberne, 1845,
ouverte, montrant la sachet
à capsules.

Giberne de
musicien et trompette.

Chasseur, 1854.   Chasseur, 1896,
tenue d'exercice.

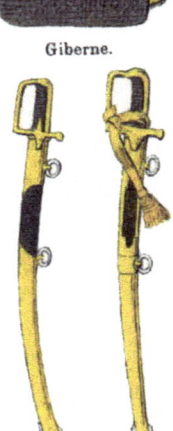

Giberne.

Sabres, 1er Empire.
Chasseur.   Officier.

1848.   1855. Officier.

1880—83.   1892. Officier,
(Essai).   tenue du matin.

R. Humbert.

HUSSARDS.

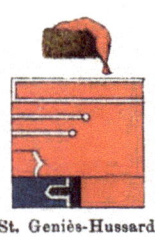
St. Geniès-Hussard.

H. de Rattky.

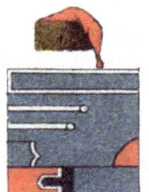
H. Bercheny, 1735.

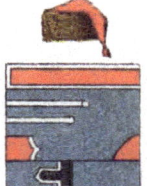
Bercheny, 1738.

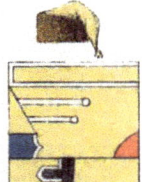
Esterhazy, 1er.

St. Geniès.

Esterhazy.

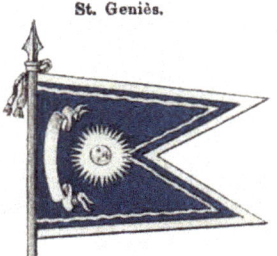
Esterhazy.

Bercheny.

Equipage de cheval (Bercheny).

Sabre et bâton
de commandement
(masse d'armes) d'officier.

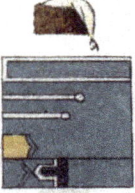
St. Geniès, 1743.

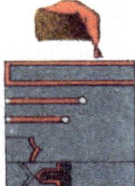
Pollertzky.

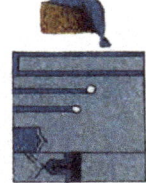
Beausobre.

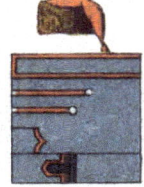
Raugrave.

Ferrari.

Dr. Lienhart.

HUSSARDS.

1744—1752.

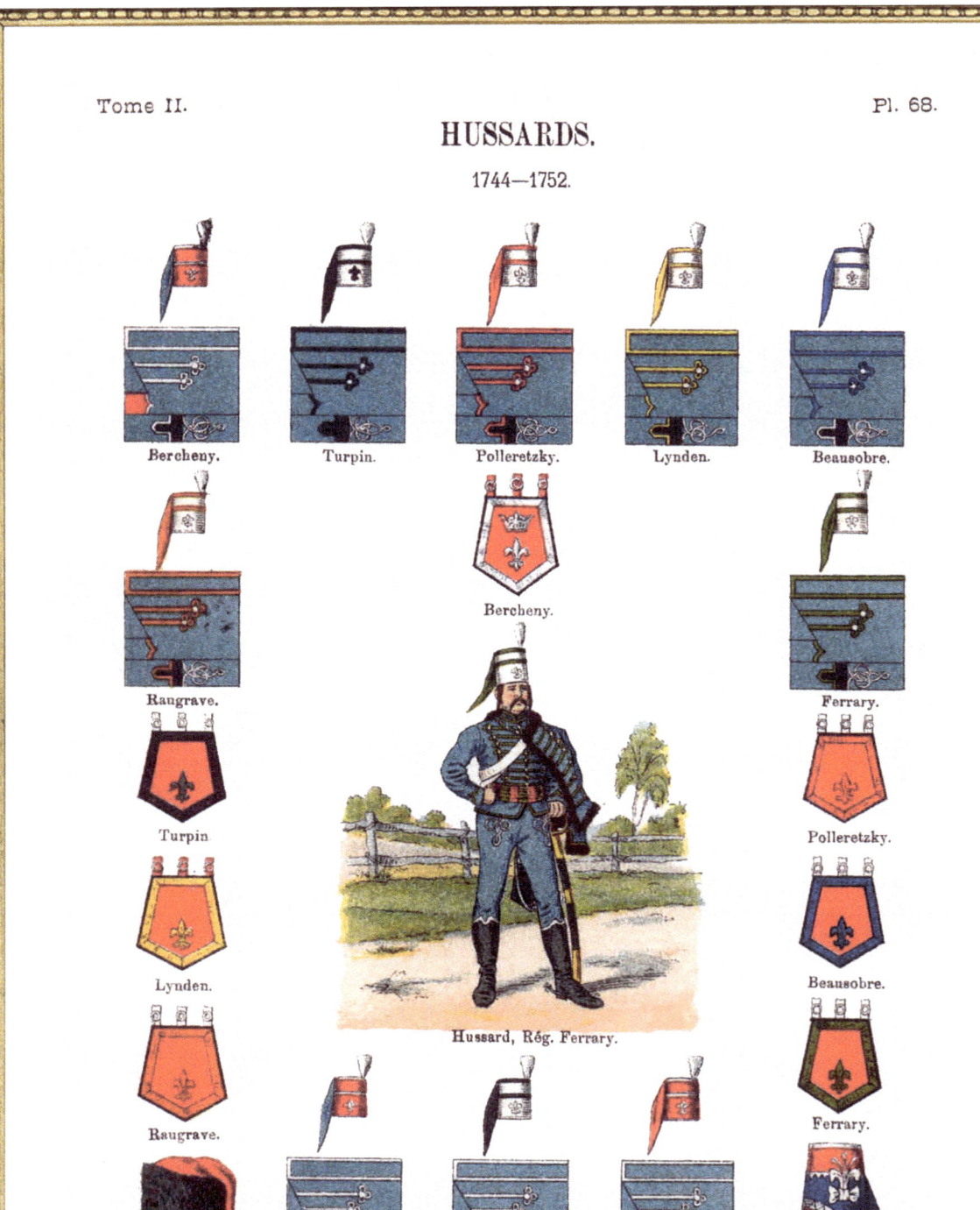

Bercheny.   Turpin.   Polleretzky.   Lynden.   Beausobre.

Raugrave.   Bercheny.   Ferrary.

Turpin   Polleretzky.

Lynden.   Beausobre.

Raugrave.   Ferrary.

Hussard, Rég. Ferrary.

Bonnet de hussard, 1738.   Bercheny.   Turpin   Nassau.   Bonnet de hussard (Officier) 1744.

1758.

HUSSARDS.

1763.

Bercheny, 1772. Officier.   Bercheny.   Chamborant.   Nassau.   Colonel-Général. Officier-supérieur. 1786.

25 MARS 1776.

 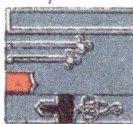  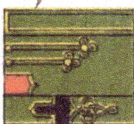 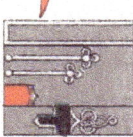 

Lauzun, 1783.   Bercheny.   Chamborant.   Conflans.   Esterhazy.   Esterhazy, 1775.

1778—1783.

  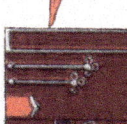  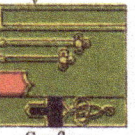   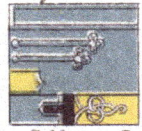

Bercheny.   Chamborant.   Conflans.   Esterhazy.   Soldat. — Lauzun. — Officier.

1er OCTOBRE 1786.

 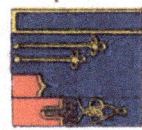       

Colonel-Général.   Bercheny.   Chamborant.   Conflans.   Esterhazy.   Lauzun.

Colonel-Général.   Bercheny, Chamborant, Esterhazy.   Trompette.   Conflans.   Lauzun.

HUSSARDS.

1802.

1er Rég.

2e Rég.

3e Rég.

4e Rég.

5e Rég.

6e Rég.

7e Rég.

8e Rég.

9e Rég.

Hussard, 11e Rég.
Tenue de service à pied.

Hussard, 8e Rég.
Petite tenue.

10e Rég.

11e Rég.

12e Rég.

HUSSARDS.

1er VENDÉMIAIRE AN XII. (24 SEPTEMBRE 1803.)

1er Rég.   1806. 1)   1802.   1806. Cie d'élite.   2e Rég.

3e Rég.   4e Rég.

5e Rég.   6e Rég.

7e Rég.   Officier, 2e hussards. 1806.   9e hussards Grande tenue.   8e Rég.

9e Rég.   Officier.   Trompettes.   10e Rég.
                 (5e Régiment.)   5e Régiment.   9e Régiment.

La plaque en forme de losange, en métal blanc ou jaune fut portée pendant tout l'Empire, concurrement avec
la plaque représentant l'aigle, par les hussards et les chasseurs, et ce, malgré la circulaire du 9 novembre 1810,
dont le but était de régulariser le port de cet ornement. Même observation pour le port du plumet.

HUSSARDS.

7 FÉVRIER 1812.

1er Rég.   2e Rég.   3e Rég.   4e Rég.   5e Rég.¹)   6e Rég.

·7e Rég.   8e Rég.

9e Rég.   10e Rég.

11e Rég.   12e Rég 1813.

Hussard en veste d'écurie.   11e Régiment, Cie d'élite.
1811.

1812.   1813.

13e Rég.   14e Rég.   Cie d'élite.   Officier.   Officier.   Trompette.
1813.   3e Rég.   (Tenue de ville.) (Pantalon de cheval.)

D'après un document de l'Epoque. — L'ordonnance donne: dolman rouge, collet bleu celeste, parement blanc.

HUSSARDS.

1815.

1er Rég   2e Rég.   3e Rég.   4e Rég.   5e Rég.   6e Rég.

Trompette. 1er Rég.

Officier. 1er Rég.

Etendard du 7e hussards.¹)
1814.

1814—15. 3e Hussards.   1819.

Sabretache.

1819.

1er Rég.   2e Rég.   3e Rég.   4e Rég.   5e Rég.   6e Rég.

Le 7e hussards conservé provisoirement en 1814 sous le nom de „Colonel-Général" avait la Cornette Colonelle
Générale pour étendard.

HUSSARDS.

1825

1er Rég.   2e Rég.   3e Rég   4e Rég.   5e Rég.   6e Rég.

1796. Shako à flamme.

1819. Shako d'officier, petite tenue.

1802. Shako à flamme.

1806 — 1809.

1825.

1831. Officier.

1819.

1825. 6e Régiment.
Tenue en pelisse et pantalon d'ordonnance.

1831. 4e Régiment.

1840. Officier, petite tenue.

1831.

1er Rég.   2e Rég.   3e Rég.   4e Rég.   5e Rég.   6e Rég.

HUSSARDS.
1844—1845.

Pl. 75.

R. Humbert.

Hussard.
7e Rég.

Trompette.
9e Rég.
(Tenue de ville.)

Hussard.
9e Rég.
Petite tenue.

Chef d'escadron.
1er Rég.

Lieutenant.
8e Rég.

Capitaine.
4e Rég.

Colonel.
5e Rég.

Hussard.
2e Rég.
(Cavalier de 1re cl.)

Officiers en redingote.
4e Rég.
(fantaisie.)

1er Rég.
(ordonnance.)

HUSSARDS.

Shakos, Bonnets de police, etc.

1er Rég.
devant.

2e et 4e Rég.

Plaque de shako.
1806.

3e et 5e Rég.

6e Rég.

1er   2e   3e   4e   5e
Pompons d'escadron.

Brassard de conducteur
d'équipages régimentaires.
4e Régiment.

Petit
état-major.

Peloton
hors rang.

7e Rég.
(derrière.)

9e Rég.

Bossette de mors.

8e Rég.

Insignes des grades.
Brigadier.

Dolman.   Pelisse.
6e Régiment.

Colback de trompette.
7e Régiment.

Insignes des grades
Maréchal des logis.

Dolman.   Pelisse.
5e Régiment.

1er Rég.

2e Rég.

Insigne du devant
du bonnet de police.

3e Rég.

4e Rég.

5e Rég.

6e Rég.

9e Rég.

7e Rég.

8e Rég.

R. Humbert.

HUSSARDS.

29 SEPTEMBRE 1840. — 4 MARS 1845.

1er Rég.   2e Rég.   3e Rég.   4e Rég.   5e Rég.   6e Rég.

7e Rég.   8e Rég.   9e Rég.   Officier, grde tenue.   Off.tenue d'exercice.   8e Rég.Trompette.

18 DÉC. 1840.   19 JUILLET 1842.   1852.   24 NOVEMBRE 1853.

8e Rég.   1er Rég.   4e Rég.   Officier.   6e Rég.   7e Rég.

19 OCTOBRE 1852.

3e Rég.   5e Rég.   6e Rég.   7e Rég.   8e Rég.   9e Rég.

INSIGNES DES GRADES. OFFICIERS.

Sous-Lieutenant. 5e Rég.   Lieutenant. 9e Rég.   Capitaine. 1er Rég.   Capitaine-instructeur. 2e Rég.   Capitaine Adjudant-major. 6e Rég.   Chef d'escadron. 7e Rég.   Major. 1er Rég.   Lieutenant-colonel 4e Rég.   Colonel. 8e Rég.

HUSSARDS.

PELISSE.

Pl. 78.

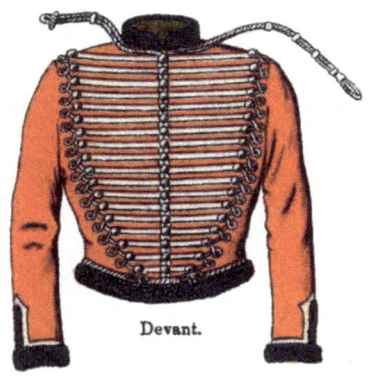

Devant.

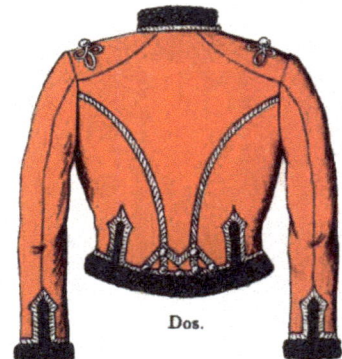

Dos.

DOLMAN.

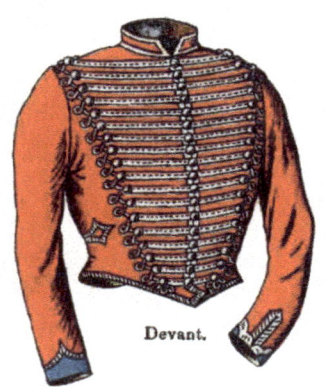

Devant.

Dos.

Ceinture (devant.)

Galons
d'officier,
derrière de
la manche.

Pose des galons d'officier
sur la pelisse,
devant.   profil.   derrière.

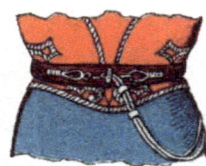

Ceinture (derrière.)

Plaque de sabretache.
1845.

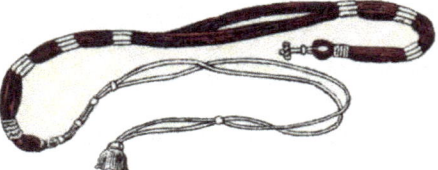

Ceinture.

Sabretache.
(2e Empire.)

Dr. Lienhart et R. Humbert

HUSSARDS.

14 DÉCEMBRE 1859.

Pl. 79.

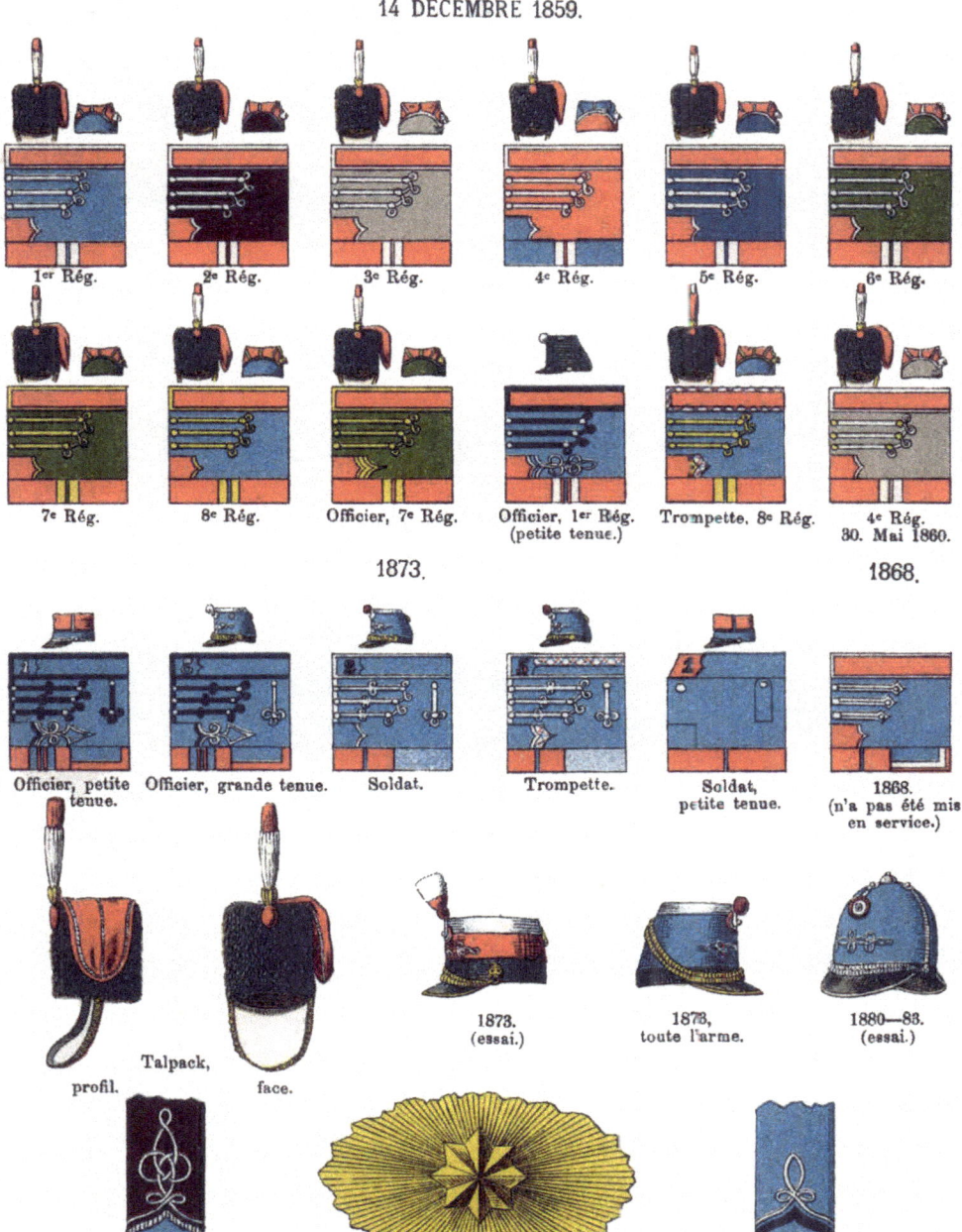

1er Rég.   2e Rég.   3e Rég.   4e Rég.   5e Rég.   6e Rég.

7e Rég.   8e Rég.   Officier, 7e Rég.   Officier, 1er Rég. (petite tenue.)   Trompette. 8e Rég.   4e Rég. 30. Mai 1860.

1873.

1868.

Officier, petite tenue.   Officier, grande tenue.   Soldat.   Trompette.   Soldat, petite tenue.   1868. (n'a pas été mis en service.)

profil.   Talpack,   face.   1873. (essai.)   1873, toute l'arme.   1880—83. (essai.)

Galons (tracé), sous-lieutenant. 1845, (petite tenue.)

Plaque de giberne d'officiers de hussards. 1873—1879.

Galons, (tracé) sous-lieutenant. 1873, (toutes les tenues.)

HUSSARDS.

INSIGNES DES GRADES (CULOTTE) 1786.

Sabretache.
(République.)

Mestre de camp
commandant et en second.

Lieutenant-colonel.

Sabretache, 1812.

Major.

Capitaine.
(commandant.)

Capitaine.
(en second et de remplacement.)

Hussards.
1865. Petite tenue. 1890.

Officiers.
1870. 1er Rég. 1890, pelisse.
Petite tenue. en pelisse.

Lieutenant.
(en premier et en second.)
Quartier-maître tresorier.

Coiffure des hussards,
(République) devant.

Coiffure des hussards,
(République) derrière.

Sabretache (République.)

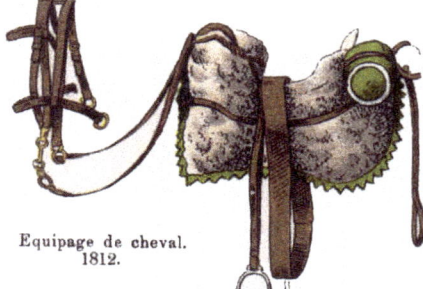

Equipage de cheval.
1812.

Sabretache (Officier.)
1812.

SOLDIERS, WEAPONS & UNIFORMS ALREADY PUBLISHED
(SOME TITLES)

IMPERIAL SOLDIERS & UNIFORMS 1640-1860
IN THE ART OF FRANZ GERASCH
LUCA S.CRISTINI
Plates by FRANZ GERASCH
SWU-GEN-001

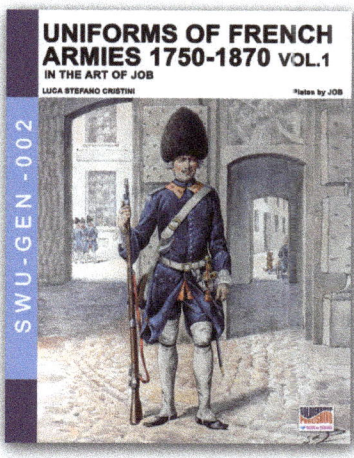

UNIFORMS OF FRENCH ARMIES 1750-1870 VOL.1
IN THE ART OF JOB
LUCA STEFANO CRISTINI
Plates by JOB
SWU-GEN-002

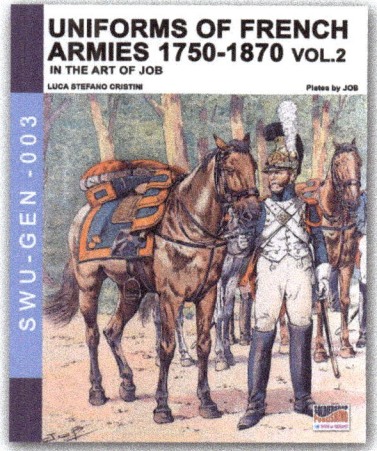

UNIFORMS OF FRENCH ARMIES 1750-1870 VOL.2
IN THE ART OF JOB
LUCA STEFANO CRISTINI
Plates by JOB
SWU-GEN-003

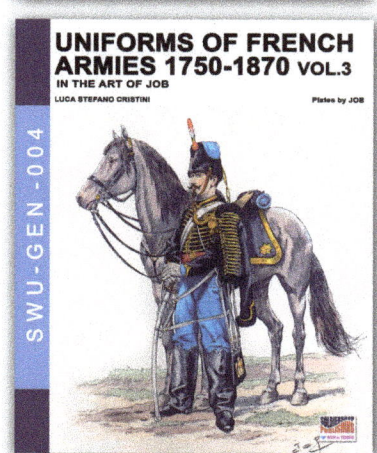

UNIFORMS OF FRENCH ARMIES 1750-1870 VOL.3
IN THE ART OF JOB
LUCA STEFANO CRISTINI
Plates by JOB
SWU-GEN-004

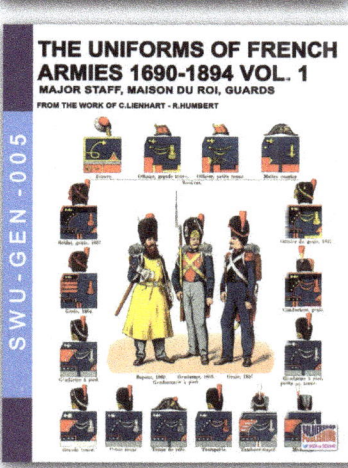

THE UNIFORMS OF FRENCH ARMIES 1690-1894 VOL. 1
MAJOR STAFF, MAISON DU ROI, GUARDS
FROM THE WORK OF C.LIENHART - R.HUMBERT
SWU-GEN-005

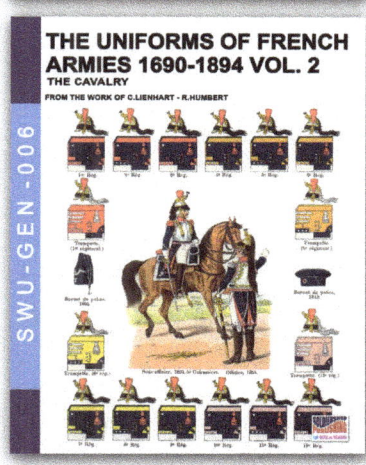

THE UNIFORMS OF FRENCH ARMIES 1690-1894 VOL. 2
THE CAVALRY
FROM THE WORK OF C.LIENHART - R.HUMBERT
SWU-GEN-006

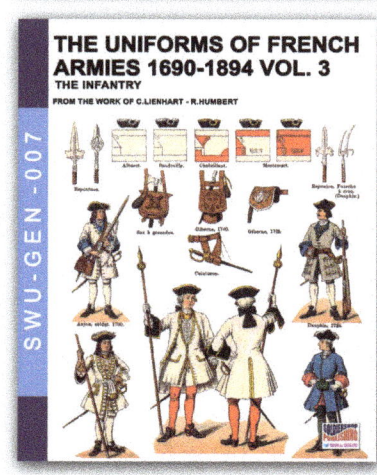

THE UNIFORMS OF FRENCH ARMIES 1690-1894 VOL. 3
THE INFANTRY
FROM THE WORK OF C.LIENHART - R.HUMBERT
SWU-GEN-007

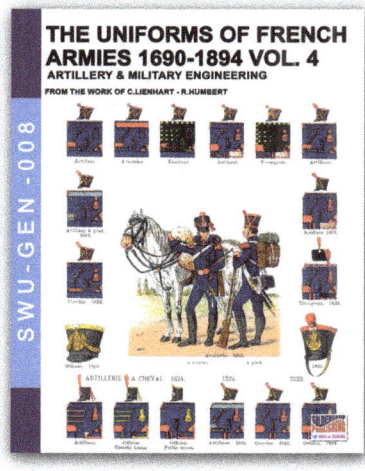

THE UNIFORMS OF FRENCH ARMIES 1690-1894 VOL. 4
ARTILLERY & MILITARY ENGINEERING
FROM THE WORK OF C.LIENHART - R.HUMBERT
SWU-GEN-008

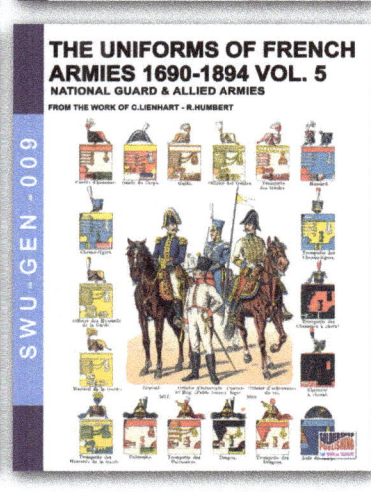

THE UNIFORMS OF FRENCH ARMIES 1690-1894 VOL. 5
NATIONAL GUARD & ALLIED ARMIES
FROM THE WORK OF C.LIENHART - R.HUMBERT
SWU-GEN-009

www.ingramcontent.com/pod-product-compliance
Lightning Source LLC
Chambersburg PA
CBHW041150120626
46547CB00020B/3170